U0088013

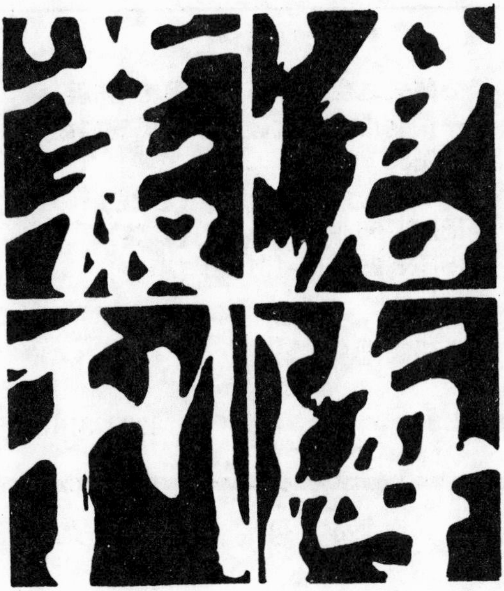

張公難先之生平

李飛鵬 著

東大圖書公司 印行

國立中央圖書館出版品預行編目資料

張公難先之生平／李飛鵬著. --初版.
--臺北市：東大發版：三民總經銷
，民82
面；　公分. --（滄海叢刊）
ISBN 957-19-1618-8（精裝）
ISBN 957-19-1619-6（平裝）

1.張難先—傳記

782.886　　82007316

© 張公難先之生平

著　者　李飛鵬
發行人　劉仲文
著作財產權人　東大圖書股份有限公司
總經銷　三民書局股份有限公司
印刷所　東大圖書股份有限公司
復興店／臺北市復興北路三八六號六樓
重慶店／臺北市重慶南路一段六十一號
郵　撥／〇一〇七一七五——〇號
初　版　中華民國八十二年十月

編　號　E 78083①
基本定價　肆元貳角貳分
行政院新聞局登記證局版臺業字第〇一九七號

有著作權　不准侵害

ISBN 957-19-1618-8（精裝）

李飛鵬恭撰

張公難先之生平

周邦道敬署

張公九十遺像

上：張公手書七十自壽聯

下：張公手繪梅花

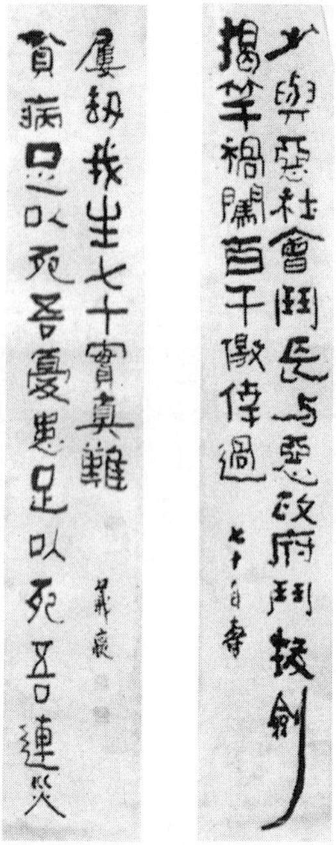

增編再版弁言

沔陽張公難先早歲致力革命，幾以身殉。及後從政，以剛正廉明，不畏權勢著稱，遂致敭歷內外，聲聞孔昭。故人多以鄂之人傑，國之大老尊稱之。余夙欽仰其言行德業，可為世則，爰於一九八六年乃有《張公生平》之作，自費印行，除分送親友留念外，並寄贈國內外各大圖書館及各大學庋藏，以供衆覽。惟印書不多，無以應讀者之需求，因念如須普及供應，勢非借助於書局之發行不可。遂以此意就商於吾友臺北三民書局劉董事長振强兄，當承慨允，義務印行，並建議搜集張公之遺著，列為附錄，俾讀者得以與正文相互印證，以增進其對張公之了解與敬仰，余卽深表贊同。除奮其餘力，勉從原書卅八章，增編至五十四章外，並輾轉馳書於張公文孫銘玉世兄，承其印贈公八十以後隨筆及一九四九年以後之講詞、提案、報告、書札、題詞、聯語都數十篇，編為附錄，而以拙作〈感念張公對我的殊遇〉一文殿其後，藉以緬懷鄉賢，而永追思。最後並對張銘玉世兄之忠寄資料暨劉振强兄之慨允印行，均不勝感激之至。尤以振强兄不計工本鼎力贊助之義舉，更令我感念不已。爰於本編付梓之時，感賦七絕二首於後，以彰義行：

㈠一卷高行重萬金，疏財尚義最堪欽；搜羅軼著光潛德，泉下張公感亦深。

㈡鄉邦賢哲稱三傑，世代風流越百年；張老遺徽耀台海，賴君義舉兩相傳。

西元一九九三年八月荊門李飛鵬謹識於北美加州聖荷西市萍廬時年九十有五

前　言

「嚴立三、石衡青、張難先，鄂人稱為三怪者也。彼三人者，皆以守常見惡於世。知守常之太愚也笑甚；太迂也憐甚。可笑可憐之人，當然為世所怪。三怪之名，於以成立。而不知彼三人實極端守常者也。」此公序《石衡青言論集》之以怪自況也；而我則以為除公以守常為人所怪外，尚有憤世嫉俗，特立獨行二因素，以加重其為怪者在焉。蓋憤世嫉俗，與特立獨行，實為具有正義感者，均所守持之常道，特以處末世而不彰，致為一般不明常道者，驟然見之，遂相率引以為怪，此怪之所以不脛而走也。在鄂人所稱為三怪之中，尤以公為突出。緣公之憤世嫉俗與特立獨行，深植於鄂人心中，不僅目之為怪，甚至多所附會，衍生種種奇異的傳說。如白晝提燈遊走通衢，以示暗無天日之類的怪行，傳遍於市井之中。實則公之性行，並不奇特怪異，而與常人無殊，亦卽公之所謂守常者也。只是因為生性剛直，守正不阿，刻苦自勵，廉潔奉公，仗義直言，不畏權勢。因而與世多忤，不合時宜，遂為昧於常道者少見多怪，而有怪人之稱。昔范文正公數以言事動朝廷，當權者不喜，每目為怪人。於此可知目公為怪人者，正可反映公之正直不阿，敢於言事之性行，與其稱之為鄂之怪人，無寧尊之為「國之大老」較為適當。此我之所以常易鄂人所謂的「三怪」而為「三老」也。至於公之是否真如鄂人所稱為怪人，試一觀其生平之言行，則不待辯而自明矣。兹特就公之嘉言芳躅，可為世範者，撮述如左，以彰潛德，而資景仰。

張公難先之生平

目錄

附　錄

一、降生之時地及家世

公於清同治十三年（一八七四）甲戌三月卅日生於湖北省沔陽州（民國改縣）東鄉揭陽村，譜名輝澧，字難先，號義痴，後以字行。公昆仲三人，兄采軒，弟竺軒。公居其次。家貧，弟兄三人，合力維持家務，不料至光緒廿二年（一八九六）丙申十一月十四日，大兄采軒公不幸逝世，遂廢讀與三弟竺軒共理家務，並經商，至光緒廿五年（一八九九）己亥，家境奇窘幾斷炊。赴湘謀事，未成，狼狽而歸。又逢家中連遭變故，生意不支。太夫人憂鬱成疾，竟於十二月廿三日棄養，猝遭大故，家更陷於困境，乃於庚子年（一八九〇）協議分居，將商店分給大侄選丞與三弟竺軒共同經營，公則分得薄田數畝，交由陳夫人躬自下田耕種。（按陳夫人早於癸巳年（一八九三）與公結褵）己則閉戶讀書，各圖發展。

二、早歲初應州試不第課讀爲生

清光緒十八年（一八九二）壬辰，公十九歲，始就外傳，從馬吉庵先生讀。是年，初應州試，結果携白卷出，以不喜試帖及厭惡科擧故也。至是乃訓蒙課讀，酌取修金，以濟困乏。

三、讀《左傳》「思小惠而忘大恥」句始萌種族之見

公喜讀古書，臨古碑帖。癸巳年（一八九二）讀《左傳》「思小惠而忘大恥」句，則萌種族之見，而悟天下興亡，匹夫有責之大義。戊戌政變後，始究心時務，並習技擊之術。光緒廿九年（一九〇三）癸卯夏在向笙之家，偶遇劉彤軒先生延至其家，除授以寫梅諸法外，並得遍閱新書報。於是學思乃大進。

四、家貧無以爲生乃訓蒙授讀以濟困乏

公自光緒十八年（一八九二）壬辰，參加州試不第後，卽從事課讀，或受聘家塾訓敎童蒙，或自設敎館，招生施敎。至光緒卅年（一九〇四）甲

辰，公以不堪久耐，且以諸生多不率敎，怠忽學業，非真心向學之士。遂毅然解館赴省，潛謀革命。

五、解館赴省聯絡同志潛謀革命事洩被捕下獄

清光緒卅年（一九〇四）甲辰，公既解館赴省，於是廣結豪俊，如劉靜庵、胡瑛、田桐、宋敎仁等，共組科學補習所，以為革命掩護機關，並與胡瑛投入第八鎮工兵營充當士兵，以便運動軍隊，擬於清慈禧太后七十生辰時，與湘省革命同志，同時起義。不意湘省事洩，波及科學補習所，致被解散。公於悲憤之餘，乃應聘辦理仙桃鎮（屬沔陽）集成學校。是年（一九〇六）冬，萍醴礦工暴動，乃至武昌，意圖聯合劉靜庵等重組之日知會共謀響應。不意至則因人告密，以致劉靜庵等，已鋃鐺入獄矣。乃狼狽返校，時鄂督張之洞之緹騎，已追踪而至，將公逮捕解省下獄。

六、公受審時義正辭嚴威武不屈之精神震懾清吏

按主辦公案者，為巡警道馮啓鈞，彼欲藉以邀功，遂對公多方逼供。據辛亥革命元老曹亞伯先生，在所著之《武昌革命真史》一書中，記述甚詳，可供參考，茲特引述如左：

馮啓鈞審張難先時，張索紙筆直書供千餘言，坦承參加革命，並謂「吾不革命誰革命？吾不革命，不僅負吾筆墨，且負天下人也。」言畢，投筆於地，厲聲喝曰：「斬便斬，索供何為？」馮啓鈞曰：「久聞先生名，革命黨員首屈一指，郭堯階（公之表親，公被捕，即郭告密）向為我言之矣，謂屬表親，素稔先生事，今聞先生言，果不爽。」

從上述記載觀之，可知公威武不屈之精神，雖冥頑殘暴之清吏如馮啓鈞者，亦為之震懾而敬仰，實為革命黨員中之巨擘也。

七、坦承革命自書供詞千言鄂督深受感動事聞於清肅王命從寬辦理獄賴以緩旋獲准保外就醫至是已繫獄四閱月

主辦此案者，為巡警道馮啓鈞。欲藉以邀功，多方逼供。公坦白自承參

與革命。自書供詞數千言，之洞覽供壯之，雖叱馮為誣陷，但仍下獄候審，事聞於清肅王，乃電囑之洞從寬辦理，獄賴以緩。翌年（一九〇七）三月，獄中一病幾殆，旋賴宿儒黃福向按察使梁鼎芬緩頰，始得保外就醫。至是繫獄已四閱月矣。

八、繫獄期中獄吏索書之趣聞

公繫獄期間，有一監守吏，聞公工書，因求繕聯。公謂「得余書不利」，笑却之。一日，吏具紙筆，一再懇求，公鑒其誠，乃戲撰一聯，揮筆書上聯曰：「我佛一生居地獄。」視吏曰：「地獄二字太不祥。」吏以語典而切事實，欣然接受。繼書下聯：「中原何日淨胡塵。」吏睹聯亟抱額急走而去，蓋以語寓反清之意，恐被株連故也。是亦公繫獄期中之一趣聞也。

九、丁未出獄病癒後之活動

光緒卅三年（一九〇七）丁未公出獄病癒後，卽從事左列各項活動：

㈠正擬往遊蘇浙時適徐錫麟刺殺皖撫恩銘事件發生，王慎庵先生止之，仍延辦集成學校（光緒卅二年丙午已應聘辦理該校）。

㈡光緒卅四年（一九〇八）戊申正月辭集成學校事，回家讀書，對侯官嚴復譯著頗為心折，夏從彭臨九、張容川之請，為援救胡瑛胞兄家懋奔走湖南數月。

㈢清宣統元年（一九〇九）己酉八月大水，沔陽全縣均被淹沒，飢民嘯聚搶掠，大吏疑公教唆，派兵彈壓，幸經正紳張石村先生出面說明，始獲免究。是年公姊及友人許沇香均因水災慘死於外，冬，友人宋秀峯、吳延清、金松濤等在沔開辦勸業蠶桑公司，聘公為經理。

㈣清宣統二年（一九一〇）庚戌，公司以種桑不及，暫種雜糧，以試土性，公與工人共甘苦，至秋大穫。三姊丈老農也引以為謝，因事溺斃湖中，公甚為悲痛。是年與彭臨九等大夥高談黨務，以意見不合而罷。

一〇、辛亥武昌起義革命成功民國建立

清宣統三年（一九一一）辛亥春，友人宋秀峰自湖州買回桑秧數萬株，種後成效極佳，不料四月，蟲災，救治無效，六月復遭大水，全部淹死，無法進行。遂到省垣為黨務奔走，時共進會、文學社兩革命團體均虎虎有生機。至秋，川漢鐵路風潮迭起，鄂軍多調入川，黨人以有機可乘，進行益亟，官方偵騎四出，八月十八日武漢兩機關被偵破，捕去多人，劉復基、彭楚藩、楊宏勝三人被害，並大索城中，以致風聲鶴唳，人人自危，於是蔡濟民、熊秉坤、蔡漢卿、闕龍、鄧品三等於十九日夜舉火為號，大舉起義，遂卽佔領楚望臺，進而圍攻督署，總督瑞澂，統制張彪均聞風逃走，而武漢遂以大定矣。至是革命終告成功，民國建立。

二、武昌起義後參與擁黎大計

清宣統三年（一九一一）辛亥八月十九日武昌起義時，公在漢川，與梁瑞堂等計議革命事，聞武漢底定，擁黎元洪為都督，卽來省垣，趨都督府晤蔣翊武。蔣屏人握公手，黯然謂：「黎態度曖昧不可測，奈何？」公曰：

「當斷不斷，反受其難。今夜望公等急切曉以大義，我明晨再來共決之。」次晨往晤翊武，翊武欣然告謂：「宋卿已決定出任都督矣。」公聞訊亦喜，遂赴漢陽視察，並協助知府李亞東，維持地方秩序，加强革命陣營。先是公別蔣翊武後，與數同志商，決議今夜黎如仍推諉不就，明晨卽予處決，更定都督人選。事隔一日，竟轉嗔為喜，黎不但倖免，且被擁登上都督寶座，其榮辱之機，可謂間不容髮，亦云幸矣。

一二、受聘參與安襄鄖荆招討使季雨霖戎幕

辛亥十月武昌起義革命告成，黎元洪被推為都督後為肅清襄河一帶反革命勢力，乃令派師長季雨霖為安襄鄖荆招討使，公受聘為顧問，隨招討使溯襄河而上，至仙桃鎮聞漢陽失守，致撥歸招討使調遣劉佐龍團亦截留省垣，招討使幾成無兵司令，於是公乃說服劉英、梁鐘漢、李亞東等三司令，率部悉走歸招討使調遣，至是軍容始為一振。

一三、張截港遇匪刼船幸登岸人員及時趕回匪逃逸遂免於難

辛亥十二月公隨同季雨霖招討使自仙桃鎮出發，溯襄河而上，公因故附前站舟先行，抵張截港時公方假寐，舟忽晃盪驚醒，則見隨行人員及衛隊蜂擁上岸，問何事驚惶，則云北兵至矣，公謂卽有敵兵亦應鎮靜，今竟慌張如此，不免為人所笑，公不勝憤慨，遂獨坐船中，俄見二軍人上船，欲刼取舟中物資，公厲聲叱止之，一弁取刀擬加害於公，正在此時，上岸人員及時回船，匪卽逃逸，公遂免於難。

一四、奉命處理武當山軍民衝突事件之經過

民國元年（一九一二）壬子和議告成，清帝遜位，民國成立，公擬辭顧問職，未獲准，並命赴武當山追回鍾鳴世。先是招討使誤信人言，謂武當山大殿頂，係真金蓋成，當命財政處進行調查，同時又派鍾鳴世率兵一隊前往拆除，以充軍實。及和議成，招討使恍然有悟，恐鍾鳴世滋生事端，故有

派公處理之命。公奉命後，兼程前往，途中卽聞鍾與地方民衆發生衝突，死十餘人，至草店（武當山下的集鎮）訪問地方紳士及民衆，始知鍾到達山區時，一路搗毁神像，並揚言將拆除金頂，附近居民多賴廟山為生，今聞將拆金頂，遂憤而約集數百人與鍾搏鬥，兵民死亡十餘人。鍾走時聲言三日內將率大隊兵士前來痛剿。居民聞訊，恐大禍之將至，乃相率逃亡。公經約同紳耆安撫居民，並說明來意，保證此後絕不再發生此事，希望逃亡居民速回安居。過磨針嶺，見兵尸三具，乃為函囑送均州殮送行營，到太和峯，見棺十餘具，卽前與鍾鳴世格鬥而死之居民，公目擊心傷，不禁惻然淚下。太和峯上有六合樓，軍民格鬥卽在此發生。當由道士導觀金頂，果然金光奪目，實則冶銅為頂，外飾金粉，御碑中已有明文，只一般人不察耳，歸後覆命，並主張懲處鍾鳴世以平民憤，但未獲採納，此一慘劇遂告落幕，公亦辭職而去。

一五、抱冰堂上歡迎會不歡而散

民國元年（一九一二）壬子，南北和議成，清帝遜位，民國成立，公辭安襄鄖荊招討使季雨霖戎幕返漢，日知會、文學社諸同志，為開歡迎會於武昌抱冰堂。公即席演講謂：「本黨總理讓位於袁，不旋踵而又欲推倒之，殊為不妥，今本黨既已讓袁世凱為大總統，自應放手聽彼為之。天下未有一面以刄授人，而即與之鬥者。本黨為休養生息，宜於各省設一大學，集同志講學於斯。一因各同志奔走革命，學業荒廢，宜趁此增益學識，以便擔當國事。再因勞累多年，均感疲憊，可藉求學以恢復精神。三則以恬退風示天下，使天下曉然本黨之光明磊落。袁賢，不啻代吾輩之勞，何樂如之。不賢，以吾輩出處之正，人才之多，是非曲直，深入人心，吾以為去一袁氏，如摧枯拉朽耳。吾儕同志，宜深謀遠慮，不宜於袁世凱是非未明之日，摘其一小節，奮我空拳，以與之爭一日之勝負也。」言畢，文學社同志楊子暢持相反意見，其餘同志，亦多起而附和，於是不歡而散。公爾時見同志之淺陋囂張，知隱患實深，自維才德俱不足以感人，於是發願讀書，期以十年後，再出問世。時黎元洪都督已派任公為秘書，辭不就，乃贈以千金。除分恤故舊外，餘則購書數篋以歸。

一六、初遊京師適籌安會起憤歸灌園

公於民國二年（一九一三）癸丑秋回沔陽後，初以畜牧耕耘為生。至三年（一九一四）夏，畜牧因乏資失敗，禾稼復厄於蝗。生計又將斷絕，乃應省立模範小學校長王毓蘭之聘，任教員。至四年（一九一五）暑假，辭模範小學教職，而北走京師，藉觀政象。抵京之翌日，適逢勸進袁世凱稱帝之籌安會成立。主其事者，為孫毓筠、胡瑛二人，憤極，即循海道返鄉，以灌園售菜為業。每日鷄鳴，即挑擔適市。嚴冬則側立十字街頭，待價而沽。見者惻然，公則不自覺其苦也。未幾，會帝制起，同志俱謀倒袁，約公協助。乃亟赴省住友人孫雨初處，共策進行。

一七、南湖事敗回沔授徒並閉戶自修

民國五年（一九一六）丙辰春，為倒袁事，黃安江廸生同志主張由南湖陸軍中學發難，約公在孫雨初處備緩急以資接應。因雨初辦理之白沙洲小學，接近南湖，可以互相呼應故也。至期寂然未見動靜。次日，始知廼生在南湖鳴槍發難時，校中無應者，且整隊出，遍索黨人。廼生溺湖水中，以黑夜得免。但因傷寒，病月餘故。南湖事敗後，省中風聲鶴唳，為避秦計，不能久留，遂又回沔。鄉人憫公灌園售菜之苦，乃為約集生徒十餘人，請公授讀。惟公自修心切，總不以捨己耘人為然。遂於年假中遣散生徒，閉戶潛修，因得盡讀張江陵、熊襄愍、左文襄、胡文忠諸公集，並將左、胡兩集分類編繕，同時縱臨漢魏六朝諸碑。自是公之學益進，而書法益工矣。

一八、赴粵見伍秩庸惡其官僚氣重去而返滬訪李梅庵問書法

民國六年（一九一七）丁巳冬，公見南北相持不下，心頗憂之，欲赴粵以觀究竟。至滬晤汪精衛，談粵事甚詳。以粵局紛亂，不欲往。經汪力勸，並云：「君素以未見伍秩庸先生為念，此去只見秩老可乎？」乃付以懇切之介函，並贈詩送別。於是南行抵粵。持汪函見伍，惡其官氣逼人，令人作嘔，遂留書汪家，離滬回鄂。後汪復書謂：「秩老為人有習氣，近復倚老賣

老，此習愈深。所憾者，銘未預與先生言之也」等語，乃一笑置之。七年（一九一八）戊午夏正，由粤抵滬，住李亞東處。因同亞東訪李梅庵，問書法，並得觀賞宋拓張猛龍、張任、禮器及舊拓石門頌，以及鄭文公碑七八種，頗收觀摩之效。當夜乘輪到漢，即買舟回鄉，從此不問世事，仍授徒度日。

一九、遷居燕京北大聽講廣結友緣

民國九年（一九二〇）庚申夏正，公以居鄉數年，精神極感煩悶，覺再不能居鄉，終日面壁。於是再度遣散生徒，隻身北上，赴京遊學。為維生計，應西山林場場長嚴寄誠之聘，課其女萃英（後與公之哲嗣澈生，結為連理）。西山距西直門三十里，每日進城往返，幾達百里。為節約故，往返俱步行。以年近五十，實難堪此。是年冬，乃辭館還里，並謀盡室徙京之計。翌年（一九二一）辛酉夏正，徵得夫人同意，乃將薄田典質數百緡，遂盡室以行。抵京後，賃居西直門內崇壽寺東房，居處既定，遂一心求學求友。時美國哲學大師杜威、羅素講學於北京大學，每夜則至北大聽講。庚申初到北京時，卽由熊十力介晤梁漱溟後，又與蔡元培（孑民）、胡適（適之）晤談。至是又由梁漱溟介紹見番禺伍庸伯（觀淇）。復由觀淇介見梅縣蕭隱公、林宰平、李任潮等。每星期日會講於西什庫德慶馮竹賢寓。羣推隱公為首座。隱公研究《大學》、《中庸》。尊孔而排孟。公則素崇孟子，因而深受感動。

二〇、傭書參部典質爲生

公於民國十年（一九二一）春。舉家徙京後，以食指浩繁，而資斧卽將告罄，大有長安居大不易之嘆。梁漱溟見狀，擬月助三、四十元以濟其窮。公笑而謝之。謂：「但求學問上有以助之足矣。」梁遂不再言。後由日知會老同志張佩紳介入參謀部當錄事。公決心不任北洋政府公職，今傭書參部，類於抱關擊柝，故亦安心為之。當時北京政府財政紊亂，經費奇絀。故參謀部常數月不發薪資，因而生計常感窘乏。在不得已時，乃將身上所穿之棉馬褂，質銀三錢。間日，又解棉袍質銀一錢五分，以救燃眉之急。時為夏歷二月初，燕市冰雪載途，寒風凜冽，而身無挾纊以禦寒，其窘迫之狀，為何如也。公後清理笥篋，此帳猶存，因剪下裱懸中堂，以警子孫。公在參謀部工作時，次長蔣雁行知公之為人，不忍其屈居書傭，乃商得總長張懷芝同意，擬延課其卒業於德國陸軍大學之子姪，命人致意，並請公一談。公聞訊窘甚。當走告原介紹人張佩紳，請代為婉辭，不得卽走。佩紳知不可屈，乃詳為解說，議遂寢。

二、爲擁黎元洪復職書諫蔡元培

民國十一年（一九二二）夏，大總統徐世昌被迫離京，於時有主黎元洪復職者。公電黎阻之曰：「時我公想為政客包圍，失去主張。我十年未發言，今請一鳴，公須以大總統讓中山，自居副總統職，如此則南北可統一，公名位日隆矣。」發電後，閱報知擁黎者為蔡元培領銜之國立八校，忿極，卽馳書諫蔡曰：「子民先生：閱報知公等一致擁黎，漠視西南政府（時總理已被選舉為非常大總統），僕誠期期以為不可。公等此種主張，是偏頗的，是狹隘的，是苟且的，是糊塗的，是違反真正民意的，是袒護有槍階級的，是會造成異日大戰的，是有辱吾國最高學府的。公等執學界牛耳，出言不可不慎，主張不可不公。軍閥專橫，賴政治家以糾正之。政治家污濁，恃學者以糾正之。今學者又復如此，則吾國之苦，百姓將永無寧日矣。氣憤填膺，不知所言，望公等自摸良心，自籌補救，勿為吾國造絕大之惡勢力也，則幸甚矣。」當時亦聞有人諫止黎氏復職者，黎亦通電表示不就，乃不旋踵突到京就大總統職。公於悲憤之餘，知禍機又伏，精神極感痛苦。遂於是年秋九月返里，協助鄉人完成堤防工程。

二三、爲乾西院堤工事回沔督工籌款奔走數月堤工終告順利完成

民國十一年（一九二二）壬戌九月，因三弟竺軒之喪回沔。乾西院農民圍訴水災苦狀，請求指示。經告以應舉熱心公正人士，舉辦堤工卽得。於是羣舉陸國鈞、陸固畏兩紳不敢承受，公當告陸如有困難卽予臂助，始允接受工事，於是籌備開工，公遂離去。翌年（民十二年）癸亥，夏，一般劣紳以

公已離去，果羣起與陸國鈞為難，陸遂函公訴苦，公以曾允于有難臂助，乃復回沔助陸督工籌款，為巡視工程，日步行數十里，數月後堤工終告完成。

二三、中國國民黨正謀改組時上書汪兆銘痛陳黨內種種積弊請轉呈總理嚴加改革汪閱函後立即轉呈總理

民國十二年中國國民黨正謀改組，乃草數千言，書寄汪精衞，痛陳本黨應予改革之事，請為轉呈總理，以大無畏精神徹底改革。汪將函轉呈總理，深為嘉納。翌年（民國十三年）本黨實行改組，總理鑒於一般老黨員之日漸腐化，毫無生氣，為振衰起儆，於是採取聯俄容共政策，民國十五年北伐成功，未始非此一政策之採行有以致之也。

二四、應邀赴粵歷任要職卓著政聲

民國十二年（一九二三）癸亥秋九月，應友人李濟琛（任潮）函邀赴粵，任為梧州西江善後督辦公署參議，兼西江講武堂教官。翌年（一九二

四）秋，講武堂停辦，西江善後督辦公署改組為廣西梧州善後處。李濟琛為處長，改任公為善後處參議。十四年（一九二五）乙丑七月一日，國民政府成立，舉汪兆銘為主席。十月公奉命任廣西榷運局局長。就職之日，即精簡人事，裁汰冗員。節餘經費，則加薪以養廉。復召開員役大會，決議廢除陋規三十餘件。正擬繼續進行改革時，適因瓊崖克復。於十五年（一九二六）丙寅元月，奉調為瓊崖各屬行政委員，遂離梧赴瓊。下車之日，見民衆不明政策，致生阻礙。乃廣發告民衆書，懇切告誡。並令職員分赴城鄉，大肆宣傳。民衆始幡然感悟，奉行政令無阻矣。瓊崖氣候溫暖，土地肥沃，宜於農林墾殖。乃集合專家，從事開發。五指山黎人，向受壓迫，生活落後，為增進其知識，擴展其觀感，乃訪得黎族一大學生名王昭夷者，囑其邀約各酋長，來署宴會，任令縱情舞蹈，盡興玩樂。復親導參觀市政、學校、工廠，以廣其見聞。並相與商討，改善其生活環境，與生活品質。於是俱感政府之德意，羣情翕服，盡歡而去。至是一般認為難治之黎族地區，頓告政通人和，欣然向治矣。此外須予亟待解決之問題，即為嚴重之匪患。蓋自軍閥鄧本殷盤據瓊島十三縣以來，歷時八年，橫征暴斂，民不聊生。狡黠者多鋌而走險。以是盜匪蠭起，為害地方，而民無寧日矣。公到任後，一面積極興辦各縣民團，以謀自衛；一面遴派幹員，深入匪區，設法撫綏，以勵自新。其有桀驁不馴者，則商同駐軍協力助剿，殲其渠魁，徹底肅清。在此綏靖策略之下，剿撫兼施，不數月，匪患盡除，閭閻安堵，而民慶更生矣。一年後，省府以行政委員之設，原為一時權宜之制。今庶政已上軌道，亟宜恢復正常。遂於十六年（一九二七）丁卯元月，明令裁撤，並調公為監察院委員，於是離瓊回省，到院就職。在職期間，力儆貪污，不稍寬假。平反寃獄，以明曲直。舉其著者，約有三事：一為徹查黃岡厘廠廠長貪污案。事發後，當道巨公為其緩頰之函電，紛至沓來，公均置之不理，嚴厲追究，廠長某懼，竟棄職逃避香港。二為某代外交部長，因受某方乾股，違法瀆職案。始傳不理，繼經嚴傳始到案，一訊而服，乃送法院依法偵辦。三為平反臺山縣長劉栽甫寃獄，以昭曲直，而釋無辜。於是貪墨為之震慴，吏治遂以澄清。而公之鐵面無私，不畏權勢之直聲，亦震撼百粵矣。在職四月，公倦勤辭職，避居杭州，藉以小休。不久，又奉中央明令任為廣東省政府委員兼土地廳長，遂又返粵就職。到任後，以施行土地行政，必須先正經界。於是博覽中外典籍，遍訪學者專家，始知此項業務，既需大量經費，又須曠日持久，決非時局板盪不安之時，所能盡其功。因請辭職讓賢，並請李主席濟琛建議中央裁撤各省市土地機構，以節國帑。中央採其議，當將南京市土地局先行裁撤。以次及於各省，使有用之經費，不致虛縻而國庫賴以充盈。其事雖微不足道，然公謀國之忠，不遺鉅細，其用心亦良苦矣。

二五、中國國民黨總理孫中山先生逝世北京全國震悼

民國十四年（一九二五）乙丑二月十二日上午九時中國國民黨總理孫中山先生逝世於北京，噩耗傳來，全國震悼。七月一日國民政府成立，舉汪兆銘為主席，九月楊希閔、劉震寰叛變，粵軍第一師長李濟琛率師討伐。十月亂平，時公正留守梧州，驚聞總理逝世噩耗，大為悲傷，蓋以總理之逝，在黨則折隕一堅强之革命導師，在國則損失一自由民主之統帥，能不臨風頓泣淚濕襟袖耶！

二六、智擒瓊東匪首面懲四軍參謀長

瓊崖故多匪，而瓊東尤甚。公任瓊崖行政委員時，瓊東有一巨匪，宣示匪區，謂受國民政府任命為瓊崖游擊總司令，設偽總司令部於嘉積，收編股匪，擴充實力，聲勢浩大。羣匪奉為渠魁，橫行瓊東，不可一世。因念兩粵由匪而官者，為常有事，不敢臆斷其為偽。為求證實，乃揭其宣示之佈告，電詢中央，竟無其事，並嚴令逮捕懲辦。公奉命後，卽派幹員轉令瓊東縣長東請該匪首赴宴，並密備汽車二輛，精卒十名，俟其赴宴時，卽席縛以登車，火速解署。並戒遣者，延則重懲不貸。縣長奉命，卽便遵照辦理。匪不疑有他，欣然赴宴。至則一舉成擒，縛以解署，囚於堦下。正擬審訊時，忽第四軍參謀長鄧演存至，告謂：「本部現奉國府命令，緝拿某匪，想貴署亦奉此命令。聞該匪黨羽衆多，勢力甚大，緝捕不易，奈何？」公曰：「君自前門來，曾見一堦下囚否？」鄧曰：「見之，但不知該囚為誰？」公曰：「是卽君認為不易成擒之某匪者也。」鄧驚謂：「何易易乃爾？」公曰：

「此卽一『速』字訣運用之功效。因該匪首沐猴而冠，行藏未露前，向為地方官所禮遇。今應邀赴宴，不虞有他，故能以迅雷不及掩耳之手段，一舉而成擒也。」鄧聞言，雖面有慚色，然以渠魁就逮，如釋重負，可以覆命，遂欣然別去。

二七、出長鄂省財政整頓稅收嚴懲貪汚一時弊絕風淸

民國十六年（一九二七）冬，公由粤旋里，正與親友團聚間，忽奉任為湖北省政府委員兼財政廳長之命。自維家財尚無法處理，何能肩負一省度支之重任？乃具文懇辭。主席張知本聞訊，親臨敦促，仍堅持不就，並遠走滬杭以避之。居數月，鄂人以公不願服務桑梓，交相責難。於是建設廳長石瑛與教育廳長劉樹杞，在各方函電催促下，相率到杭，懇切勸駕，並以誓同進退為言。公感於各方屬望之殷切，遂與石、劉兩廳長，連袂回鄂。於十七年（一九二八）三月十一日就任湖北省政府委員兼財政廳長。公旣涖任，於是整頓厘金，訂定稅則，汰除庸劣，不畏權勢，嚴懲貪汚，愼選廉吏，不數

月，卽告弊絕風清，而譽滿江漢矣。惜湖北政局，因十八年（一九二九）三月武漢政治分會主席李宗仁叛變，中央發兵討伐。公與石瑛不忍見兵連禍結之局，遂相率堅決辭職，築室退隱於武昌靈山寺巷之靈山寓。茲將公在湖北省政府財政廳長任內之政績，擧其犖犖大者，述之如左：

㈠撤免庸劣，選任廉幹　漢口征收局長白崇墨為白崇禧之胞兄。武穴征收局長某為武漢政治分會主席李宗仁之嫡表親。均恃勢不到局，專領乾薪。公無視於其所恃之權勢，卽予分別撤免，遴派廉幹之老同志朱樹烈、章裕昆繼任。疲憊之風，為之一振。

㈡釐定稅則，剔除積弊　湖北厘金征收，向無稅則。一任厘蠹，高下在心，隨心征收。商賈任其剝削，以致怨聲載道，莫可究詰。公知其然，乃命科長夏賦初主其事，會同漢市各行商集會商討。根據決議，厘定稅則若干條，印發各局卡商會，以為征收稅率之根據。頒行以後，於是員司不敢濫收，商賈不受剝削，貨流而稅裕矣。

㈢印發經界三書，以為將來清丈土地之準備　經界三書者，卽民初蔡鍔長經界局時所編之《經界法規草案》、《各國經界紀要》以及《中國經界紀要》三書之合訂本。而此三書，乃集合當時中外專家精心會編而成，極具參考價值之文獻。於是翻印數千冊，每縣發給五冊，由縣長交由各鄉紳學預為研閱，以為將來清丈土地之準備。

(四)開辦省銀行以利金融之流通　為流動金融，促進經濟發展，特撥庫銀壹佰伍拾萬元為基金，委由唐有壬、王漸磐共同籌備湖北省銀行，並分任唐、王二氏為成立後之省行正副行長，湖北省之有官辦銀行，自此始。

(五)撥款籌建武漢大學　公以教育為立國之本，乃建議籌建武漢大學於東湖之珞珈山。當即成立建築委員會，推由李四光為主任。公與石瑛、劉樹杞分任委員，並撥貳拾伍萬元為開辦費。吾人今得見嵯峨宏偉之武漢大學聳立於東湖珞珈山頭，緬懷創辦之鄉先賢，能不油然而生敬仰之心？

二八、公長鄂財政廳時以剛正廉明著稱遐邇同欽佳評如潮

公於民國十六年（一九二七）出任湖北財政廳長時，整頓稅收汰除庸劣，須不畏權勢，嚴懲貪污，並慎選賢能，適才適所，不數月間，即至弊絕風清而名揚海內矣。因而函電交馳，佳評如潮，茲以蔡元培先生一函為例，以概其餘，蔡這原文如左：

「一年前飫聞整理湖北財政之成績，始信廉潔與認真，無事不可奏效。十力先生到鄂後來函，尚感念先生之成績不置也。銓敍較理財為易，所患者不公平、無軌則耳。以先生之廉平，任此綽有餘裕矣。社會本不能有完全滿意之狀況，能全部較為清明，自是美事，必不得已，有一部分清明，亦可差强人意矣」。

二九、首長銓部制定法規甄別現任官吏

民國十八年（一九二九）秋九月考試院戴院長復派員致書，請公出任銓

敍部長。先是公任湖北省財政廳長時，戴院長曾一度敦請公籌備銓敍部，公以省財政甫上軌道，未便率爾離去。並經省主席張知本代為婉辭而止。至是以戴公書辭懇切，情不可却，遂允赴京主持銓敍部籌備事宜。十一月五日，國民政府明令任公為銓敍部長。乃實際進入籌備階段。至十九年（一九三〇）庚午一月六日銓敍部宣告成立，同時公正式就任首任部長。於是依照組織法規定，發表各級人事命令，制定銓敍法規，積極推展銓敍行政，以遵行國父「官吏以銓定資格者乃可」之遺教，而奠定國家任用才能之準則，茲就公任內建立銓制及推行銓政之經過，縷述如次：

㈠編製我國歷代及英美銓敍制度表　公以建立現代銓敍制度，必先參考歷代及外國成規，以資借鏡。乃飭屬編製歷代銓敍制度總表。與秦、漢、唐、宋、元、明、清七代分表，以及英美銓敍制度表等共十表，於一年內編成，陸續刊載於《考試院公報》，以供參考。

㈡制定銓敍法規　在銓敍部成立前，國府已先後公布，公務員任用條例及現任公務員甄別審查條例。前者為建立公務員任用制度，以為開拓未來之設施。而後者所以銓定公務員在任用制度建立前，已經任用的現任公務員資格之處理，為結束過去任意用人之陋習，因而現任公務員甄別審查條例施行細則之制定，是為銓部成立後首先從事之任務。故在公督促下，主管司科，始完成此一施行細則，於十九年（一九三〇）四月，呈由國府公布施行。此外又於七月修正公布官吏卹金條例施行細則。按本條例係於十八年（一九二九）九月公布，施行細則，則由內政、司法行政兩部會同訂定。銓部成立後，乃先後接收兩部移交卹金案卷。因當時情形，與該細則所定，多不適合。公有見於此，特命主管員司，將該細則，妥加修正，呈院轉請國府核定公布施行。

㈢開辦現任公務員甄別審查　現任公務員甄別審查條例施行細則公布後，卽由考試院訂立京內外各機關填送甄別審查表之期間表。接着銓敍部卽展開審查工作。自開辦之日起，至十九年底止，經審查合格，卽認定具有公務員任用條例規定之資格者，共計二、四九四人。因本條例規定，審查成績，分為甲、乙、丙、丁四等，乙等以上為合格，丙等降等或降級，丁等不合格免職。關係在職人員之任用降免。故公當時除告誡部屬，嚴加關防，不得徇私洩密外，並屏除外界之干擾與關說。然而在此嚴密防範之下，仍不免有左列之事件發生：

(1)甄別審查洩密案之查辦　依照現任公務員甄別審查條例施行細則的規定，審查人員，對於表填各項，應守秘密，不得有所洩漏。但如發生疑義時，可電召當事人到部面詢，以昭覈實。時有部員林某，在教育部送審表中，發現蔣夢麟部長辦公室科員陶曾穀女士（後為蔣部長夫人），表中所定之等次為A^{-}。林昧於一般學校教員打分數的習慣，不知A^{-}究應為甲，抑或是乙，委決不下（其實以乙審查，已為合格），乃電召陶到部，面詢究竟。陶見其表填等次為A^{-}後，深為不滿。要求將表帶回，詢明改正後，再送部辦理。林當時竟忘嚴守秘密之規定，遂允其所請。陶攜表回到部長辦公室後，大發嬌嗔，質問蔣部長：「為何評定其等次為A^{-}，難道A都够不上，是否認為我的工作不好？」蔣部長見狀，當對陶溫語慰勉一番後，即攜表到銓敍部，面問公曰：「規定為秘密之甄別審查表，何以外洩到我手中？」公一時無以應。氣急之餘，將蔣送走後，查知此表為林交陶攜出，隨卽將林交院警看管，聽候查辦。旋查明係林一時疏忽，並無串通舞弊情事。乃將林免職，並將陶表另付審查，予以合格了事。

(2)衛生部職員觸犯刑章送交法辦　衛生部有一職員，因甄別審查案觸犯刑章，應送法院偵辦。衛生部長劉瑞恒聞訊，悻然到部，請公予以寬貸。不得，乃與公爭論不已。公曰：「公務員違法究辦，是政府付與我的職責。如違法者，不予依法懲處，是卽我之違法失職。君若異地而處，又將如何？」劉感悟，不復言，默然而去。該職員遂卽送交法院依法懲辦。

(3)因山東某廳長甄審資格問題引起責難與關切　山東省政府某廳長（後知為教育廳長何思源），因甄別審查案中之資格問題，公一秉嚴正態度，飭屬依法辦理，以致受到有關方面之責難，並引起院長之關切，曾屢詢辦理情形，因而深感苦惱。曾於院部會全體同人餞別宴會（因公調任浙省主席）中一吐心聲，在席同人聞之，莫不肅然起敬，更生敬仰之心。

㈣接辦官吏卹金審查　官吏卹金條例施行細則修正公布，並接收內政、司法行政兩部移交之卹金案卷後，卽於十九年（一九三〇）七月，開始接辦卹金審查案件。終公之任，經核准四四八案計七六〇人。

總上以觀，可知銓部成立之初，創辦現任公務員甄別審查，以為推行公務員任用制度之基石，其艱難締造，竭盡心力之苦衷，實已為國家銓敘制度奠定不拔之始基。使後之來者，在此始基上，得以繼續發展，逐步改進，以建立起今日恢宏壯大之人事行政制度，則公之華路藍縷，導夫先路之功，將歷久彌彰，而為吾人所深致仰慕者也。

三〇、金陵支那內學院面折歐陽漸

民國十八年（一九二九）己巳，公居首都時，曾約晤歐陽漸於金陵內學院。以彼此宗尚不同，言語間不免引起爭論。因公之義正詞嚴，終使歐陽折服。事見公之遺著《雜記》。茲引述如次，以見公之明辨是非，義不苟同，雖矜持如歐陽漸者，亦莫不為之心悅誠服也。

「宜黃歐陽漸，受業於楊仁山居士，研究佛學，學成，在金陵設支那內學院，收生徒以倡明佛學。梁啓超、熊希齡之倫，俱事之，故門牆極盛。友人熊子貞，亦往學焉。閒居因與其師言及余，因承關切，間以書達情。惟歐陽公學佛，余則尊孔。門戶各殊，風尚亦異。雖偶至金陵，亦不敢造訪。會己巳入長銓部，私以久住京華，自應往謁。於是預告造訪時間，言明彼此宗尚，以杜臨時之各執己見而起爭辯。次日往。見面卽曰：『曾否接到吾書？』歐陽公曰：『未。』余恐話不投機，卽與寒暄，畢，歐陽公卽忿然作色曰：『現在風氣不好，人都變了，都去作官去了。』公曰：『吾輩儒家，修己安人，乃其本分，何謂之變？』歐陽公卽倡言：『某也貪，某也汚，某也暴，某也愚，作官的沒有一個好東西，把天下鬧得這個樣子。』余怒，亦忿然作色曰：『如果人人都不作官，則國家政事，如何推行？社會秩序，如何維持？公尚能安居此間，以敷敎耶？公謂作官的沒有一個好東西，不佞作官十餘年，其壞處請一一指出來，以資證明。』歐陽公知失言，乃忸怩曰：『吾所言者，乃泛指一般人言之耳。如全國作官者皆如張先生，吾輩又何說哉？』余曰：『人心之不同，各如其面，公為佛學者，試問掛佛學之招牌，作敲門磚，以陰行其攘竊者，豈在少數，公其奈何哉？』歐陽公之門人呂秋逸等，聞客廳中之喧囂聲，急出審視，乃知其故，於是笑解之。余與歐陽公亦相與苦笑而別。」

三一、調主浙政在緊縮政策下仍力圖建設

民國十九年（一九三〇）十二月，公長銓部，將滿一載。方期繼續努力，建立銓制。旋又奉命調任浙江省政府主席兼民政廳長，固辭不獲，遂於十二月十二日離京赴浙。十六日宣誓就職。浙江因前主席張人傑（靜江）勇於任事，百廢俱擧，以致機關林立，冗員充斥，負債達肆千餘萬元之鉅。公

之奉命主浙，負有執行緊縮政策，清理省債之責。故到任以後，卽停辦一切不急之務，合併駢枝機關，裁汰閒冗人員。但有關民生之建設，如杭江鐵路、自來水及電、汽車等重要工程，仍督率建設廳長石瑛，繼續進行，不遺餘力。至二十年（一九三一）十二月十八日公卸任前數月，不但省債已清償八九，且以上種種建設，亦均次第完成。在緊縮政策之下，竟能突破困難，把握重點，而竚觀厥成，可謂難能而不負使命者矣。

三二、國府主席蔣公從諫如流允予選賢任能

公於奉命主浙之初，除已請簡劉鳳翔、石瑛，分任省政府秘書長及建設廳長外，並請任竺鳴濤為保安處長，趙志游為杭州市長。先是國府主席蔣公電命以蔣伯誠、周象賢二人分任處、市長，經公婉辭電呈，此二人不宜任用後，主席復電堅持。公乃赴京面陳曰：「主席知此二人否？經職查訪結果，知彼二人劣跡甚多，口碑不佳，實不宜任此重要職務。」因歷舉種種事實，以資證明。並云：「如主席必欲用此二人，則職惟有退避賢路，掛冠而

去。」主席聞諫，不覺動容曰：「汝不言，吾實不知，今旣如此，可再物色他人。」於是提出竺、趙二人，當奉主席面准。至是遂歸任竺鳴濤為保安處長，趙志游為杭州市長。又一次奉主席電命派任某二人為縣長。公當電請命二人來杭面談後決之。主席復電謂：「彼二人隨余多年，汝下委後，卽命渠等前來。」公復電陳謂：「親民之官，關係重大，職為省主席，負有直接責任，必須接談慎選，任用賢能，造福地方，此卽所以上報主席也。」主席不得已，卽命二人來杭，比及接見。一人尚厚重練達，不失為可用之材。一人則恃為主席推薦，狀甚倨傲。卽電陳主席曰：「某也練達，容為擇地委派。某也浮躁，不宜任為縣長，請緩圖之。」主席遂不再言。事後，公語人曰：「余自悔太戇直，屢拂主席意旨，幸主席從諫如流，俾能任用得人，共謀治理。倘非主席之曲予優容，大度包涵，曷克臻此？」於此可見公重視地方官吏人選，雖冒犯顏直諫之嫌，亦在所不顧也。

三三、國府主席蔣公爲廓清疑雲要見嫂夫人

公之奉命主浙，實負有收縮前張主席靜江，大張旗鼓，盲目創設的各項不急之務，以撙節糜費，清償積欠。故蒞任以後，即大刀濶斧，裁併駢枝機關，汰遣冗散人員。因而引起一般失職人員之怨尤，揑辭分控於國府及五院。謂公以省府作私邸，以及其他莫須有之罪狀。實在公之私人生活，向極謹嚴簡樸，為人所稔知。其到杭履新之第一天，即被迎入向為省主席之官邸澄廬。澄廬為一濱臨西湖之圓頂廬宇，佔地不廣，而結構精緻，內部裝潢，更顯金碧生輝，宛若內苑。公一入內，即曰：「此非我居住之所。」越日，遂賃居於省府鄰近之城頭巷某號一中式樓房。公居樓下，樓上則分租於省府科長聶國青，與民政廳秘書賀有年。夫人則躬操井臼，從未雇用女傭，僅由省政府總務科遣一工友服雜役而已。公以省府主席之尊，恬然自適於平淡簡樸生活之中，乃少數不滿之徒，竟不惜飛短流長，大肆喧染。甚至有謂公納妾貪贓者。事聞於國府主席蔣公，雖不置信，然為廓清疑雲，一日乃同夫人

輕車簡從，悄然蒞杭，直趨省府見公，即曰：「我要見嫂夫人。」一說即走，及公命備車時，蔣公伉儷，已先公而至，由夫人延入客廳奉茶矣。蔣公見公居室之簡陋，與夫人之荊釵裙布、樸素無華，頗為感動。始知所控各節，不但全屬子虛，亦且厚誣賢者，因而贊佩公之廉潔奉公、刻苦自甘，嘆為得未曾有。當晚即柬請公暨夫人與女公子等宴會，以示慰勉。從此滿天疑雲，遂為之廓清焉。

三四、九一八事變後舉辦全省公務員軍事訓練

民國二十年（一九三一）辛未九月十八日，倭寇突侵占我遼東，一時石破天驚，全國沸騰。公聞耗後，憤慨萬分，除即電請蔣主席通令全國總動員，並先從黨公人員編練，以普及民衆，準備出全民之力，以抗日外，並令省垣各機關職員，均應受軍事訓練（年老及有疾病者除外）。當派省府委員方策為大隊長，保安處長竺鳴濤為副隊長。公則於九月廿五日起，與各委員廳長，俱編入士兵行列中，學習兵操。並欲從省府做起，推及各縣市鄉村以

次及於全國，以達舉國皆兵之目的，而收同仇敵愾之效果。進行三月，全省民衆，均感興奮，大有聞雞起舞，擊楫中流之象。惜不久公以去職聞。於是在「人去政息」的自然規律下，此一賦有抗日意義的軍事訓練，遂告落幕。

三五、交卸省篆後託辭謝却祖餞悄然離杭

民國二十年（一九三一）十二月十六日，國府明令浙江省政府改組，以魯滌平繼任主席。魯即於十七日晚到杭，公遂於十八日交卸省篆，當召集府廳職員話別。職員等請祖餞，公不便逕辭，佯謂：「余居浙一年，以公務繁忙，以致莫干、天目兩山，均未曾往遊。今幸得卸仔肩，俟我縱遊歸來，再與諸君話別。」衆欣然從命。於是遣外甥田天柱赴車站購票一張，並囑於開車前五分鐘電告。公遂於十九日化裝平民，混雜於三等乘客中，隻身離杭赴蘇，以資休息。公自謂：「以政海茫茫之身，一旦擺脫，不啻出籠小鳥，隨處翻飛，無此樂也。」公之淡泊坦蕩胸懷，於此益足徵之矣。

三六、任浙省主席時軼聞兩則

公在浙省主席任內軼聞甚多，玆錄兩則於左：

㈠青衣小帽乘坐三等車廂悄然赴杭就任主席

公早年居鄉，因困於家計，曾一度灌園賣菜以維生活，及顯達以後，不忘昔日艱苦，仍刻苦自勵。閒常青衣布履，悠閒自適，遇有慶典，則外加一日黑緞馬褂，參與行禮，終年如是，不改常態。民國十九年一月十六日赴杭就任主席時，則青衣小帽，携一僕從，雜坐於京滬杭路之三等車廂中，多人不知此一布衣老人卽新任浙省主席；及車抵杭垣，歡迎人員均擁入頭等車廂，不見主席，正惶惑間，則公已悄然下車隨同一般旅客出站，雇乘人力車到一小旅館休息去矣。

㈡為特公費與建設廳長石瑛起爭議

政府對於中央部會首長及各省主席廳長，除薪俸外，並有特別辦公費之規定，以為在職務上必需之支用。而資養廉之意。公任銓敍部長時，因自奉儉約，謝絕交際應酬，故特別辦公費無所用之，而留作公共用途。終公之任，未嘗取用分文。及轉任浙省主席，仍一本初衷，不領主席及廳長（兼民政廳長）之特別辦公費，並勸令建設廳長石瑛採取同一行動，將特別辦公費悉數歸公，但石廳長則以特公費為政府規定之給予，依法領受，並不傷廉，若放棄不受，則反害政府養廉之意，因而拒不接受公意，公亦莫奈之何，一笑而罷。平心論之，公之廉潔自恃與石之守法不阿，各有所尚，未可一概論也。

三七、漫遊汴洛西安觀察山川形勢建議以西安為陪都

公於二十年十二月十八日，交卸省篆後，翌晨即赴蘇州、鎮江遊覽山水，以舒身心，旋即到滬與澈生公子共度除夕。俟至廿一年（一九三二）一月十八日，眷屬由杭抵滬後，遂相偕乘輪回鄂，息影於靈山窩，度其寧靜之生活。未幾，一二八事變，日寇侵佔我上海，南京震動，政府播遷洛陽。公雖卸政歸里，然以國難當前，豈能漠不關心？於是奔赴行都，路經鄭州時，

聞蔣公到。即進謁曰：「國事至此，不下決心奈何？」蔣公當謂：「我現在決心抗日。」公曰：「公能決心抗日，則國難可紓，國之福，人民之幸也。」遂辭出。翌日抵洛陽，趨謁林主席（時蔣公已於二十年十二月十五日辭去國府主席，改選林森繼任）亦以抗日之說進，林公頷首稱許。因在鄭閱報載洛陽處地偏小，不敷布置。遂有擬再遷開封、西安之說。公因問主席，有無此說？主席曰：「此地本狹隘，中樞選此，原為權宜之計，但開封、西安，究竟如何，亦無把握。」公以此事關係政府安全與觀瞻，應鄭重處理。遂自告奮勇，以閒散之身，親往汴陜，實地調查。於是先赴西安，歷經虎牢、函谷、潼關諸險要，覺有「一夫當關，萬夫莫開」之險。及至臨潼，則沃野千里，氣象宏偉，昔稱天府之國、帝王之都，誠非虛語。到西安後，曾訪宿儒宋伯魯、武念堂等縱談西安形勝。旋偕友人唐德源、壽天章，漫遊城郊，縱觀其山川形勢，覺其氣象，較燕京尤為雄偉。後至開封晤友人傅公亭（時任開封高等法院首席檢察官），先請其代覓圖籍，參考其記載。繼與周察其形勢，不但隴海路貫穿其間，無山谿之險，以資屏障，且黃河之水，高於汴城，幾達二丈，隨時有灌城之虞。而郊外又一片黃土，形同沙漠，以此作為陪都，似非所宜。及回至洛陽，時值四屆二中全會在洛舉行。因暢論陪都，當以西安最為適當，洛陽次之，開封萬不可居，提交會議討論。於是詢謀僉同，經會議決定，以洛陽為行都（因中樞已遷此），以西安為西京（與南京對稱卽寓有陪都之意），從公之建議也。

三八、爲協助范一俠縣長自願就任沔陽縣政府秘書

公之就任沔陽縣政府秘書，為時雖僅一月有半，但因此而成為人們茶餘酒後之笑談，莫不認為怪人怪事。蓋公曾寄疆圻，顯貴一時，今竟不惜紆尊降貴，屈就縣府秘書。揆之人情物理，豈非怪誕不經，此公所以被目為怪人之一端也。今一究其實，則知公之所以毅然為之者，實寓有協助老友，解決困難，與服務桑梓，救民水火之深意存焉。謂予不信，請觀公自述回沔之經過而自明：

「五月中旬，民政廳長朱懷冰委范一俠為沔陽縣長，久未赴任。一日，

謁余。問其何以還留滯省垣，一俠曰：『如何能去？』問故，則曰：『沔陽情況不好，延聘秘書科長，均無人願往，我一人如何能去？蓋沔陽地處低窪，經去年大水後，居民相率遷徙，十室九空。又復土匪蜂起，打家刧舍，力莫能制。處此糜爛之境，無人願同我去，亦人情之常。』余沉思久之，覺桑梓糜爛至此，親戚故舊，流離載途，余何忍安居寧處。因請謂一俠：『我同你去，為你任秘書。』一俠笑謝之，以為戲言。次日，遂將行李畀至一俠處，促與偕行。一俠見余至，乃驚喜曰：『公真同我去耶？』觀其狀，以我之來，若增其不少勇氣者。良以一俠為辛亥革命老同志，為人廉幹，有膽識，近三、四年來，俱同我作事，甚得力。此時為公為私，均應助以一臂之力也。意既決，乃於五月廿六日，與一俠乘輪溯襄河西上。於舟中見兩岸人煙稀少。蕭條之狀，匪可言喻。由漢川至仙桃鎮一百餘里河中，僅見一二敗舟。西岸房屋寥落，無一完整者。滿目瘡痍，為之惻然。凡此皆由於飢饉變責，或被土匪焚燬所致。廿八日晚抵仙桃鎮。沔陽縣政府已遷此。以一破廟為臨時辦公處。障以蘆席為房間，簡陋不堪。余寄宿於門人陳祥麟家。翌日，卽同縣長到署辦公。鄉人父老聞余歸，咸來拜晤。因問地方情形，父老均泣下，若不勝其苦者。當告以有范縣長來，一定有辦法。並囑父老卽通知遷徙於外者，還歸故居，縣長當為謀安居、籌生計。父老聞言，歡躍而去。瞬息傳遍全縣。縣長卽發貼安民治沔布告。於是災民扶老携幼，紛紛歸來。余亦作書告全縣父老兄弟諸姑姊妹，勸其從事正當生業。其有作奸犯科者，則促其改邪歸正。並助縣長創辦鄉村聯防，鼓勵居民守望相助。不綦月，縣境粗安，市廛漸興，而民生樂利矣。」

觀此可知公出任縣府秘書之動機，一則基於同志之道義。在范縣長無助時，出而襄助之，以資號召。再則鑒於本縣深受水患匪禍之災難，不忍父老昆仲流離失所，故挺身而出，以期拯鄉民於水火，臻縣政於治理，是亦　國父所示「作大事不作大官」之意，既未標新立異，亦非譁衆取寵，又何怪之有哉？

三九、奉召赴漢商設黨政委員會並任委員及監察處主任

民國二十一年（一九三二）六月三十日，公在沔陽協助范縣長一俠整飭縣政，忽奉蔣總司令來電，云有要事相商，促速來。於是於七月一日離沔赴漢，晉謁蔣公。時豫鄂皖三省剿匪總司令部設於武漢，蔣公任總司令，張學良任副總司令，並擬設一黨政委員會由公主持，公以黨政俱設有專管機關，何必疊牀架屋，紊亂系統。若慮人謀不臧，則不妨於人事上加以整頓，決不能獨立於常設黨政機關之外。因建議「如必欲設此機構，只可設於總司令部內，作為幕僚。對外則以總司令命令行之，如是則辦事無多顧慮，而人亦樂從矣。」蔣公可其意，於是於總部內設立黨政委員會，內分秘書、監察、黨務、政務四處，於七月三十日成立，派公為黨政委員會委員兼監察處主任，仇鰲（亦山）為副主任。至此公遂東山再起，肩負豫鄂皖三省黨政監察之重任矣。

四〇、雷厲風行不避權勢執行監察任務

監察處的職掌，為整飭紀綱，轉移風氣，對於豫鄂皖三省黨政機關及人員、賦有糾舉、彈劾之權。公就任後，卽抱着不避權勢的態度，雷厲風行，執行總司令蔣公所賦予的任務。總其任內所表現的顯著政績，約可分為整飭紀綱與嚴懲貪污；剷除毒梟與禁運煙毒；住戶加租與堤款國有三大項，述之如左：

㈠整飭紀綱與嚴懲貪污，約有左列四案：

(1)前湖北水利局長陳克明貪贓瀆職案　民國廿年（一九三一）武漢曾發生大水災，人民受害甚大，慘痛萬分，當時水利局長陳克明，不僅搶救不力，反而乘間斂財，浮報搶救費用，數字驚人。社會輿論，指責激切。監察處成立後，接到許多檢舉文狀。公遂派員進行偵查。將水利局的報銷單據和有關商店的帳簿加以核對，發現多為偽造。乃條舉事實，檢齊證據向總部檢舉。卽將前湖北水利局長陳克

明逮捕，解往南昌行營，拘押數月後，竟予釋放。轟動一時的貪污瀆職案，也就湮沒無聞了。

(2)漢口市長何葆華違法亂紀案　何葆華為湖北綏靖主任何成濬之侄。在漢口市長任內，恃勢驕縱，狂嫖濫賭，生活糜爛，穢聲四播。更復肆意斂財，供其揮霍，違法亂紀，莫此為甚。公根據舉發文件，偵查屬實，密請置諸重典，以儆官邪，不料於檢舉公文朝到總部，何葆華夕乘外輪逃往上海，匿居租界。總部遂以一紙通緝令了事（現聞何在大陸，已被公審處決）。

(3)假借特稅處稽查名義敲詐船商案　聞下新河有借特稅處稽查為名，在江中敲詐船商情事。公據報後乃派科長朱舜卿喬裝商人密查屬實，並取得證據歸報後，即飭軍警拘獲首犯名萬順祥者，送由總部軍法處訊明槍決，以昭炯戒。

(4)司員劉文靜鯨吞堤款案　湖北堤款關係全省人民生命，竟有不肖司員，鯨吞堤款七、八十萬元之鉅者。經公派員查獲首要劉文靜者，交由地方法院檢察處偵辦，不意檢察處竟予保釋。公以此案關係甚大，未可輕縱。乃請准總座手令首席檢察官胡恕嚴緝劉犯歸案，移交總部軍法處訊明無誤後，置之於法。

㈡剷除毒梟與禁運煙毒約有左列兩案：

⑴漢口大毒梟孫忠伏法案　有居住漢口法租界曾任部隊師長的河南人孫忠，明目張膽，大做其走私販毒勾當，流毒社會，為害甚大。經查悉孫某曾在幫會，行蹤詭秘，非藉幫會分子，不易偵破。因訪得曾為清幫通字輩老大的豫人馬君，託其偽裝商人，謊稱駐馬店的某老大介紹前來購貨者。孫某見後，初以幫規隱語，加以試探。繼則以某老大的生活狀況，多方盤詰。幸馬機警幹練，應對得當，毫無破綻。孫信以為真，遂相與談及販毒買賣。馬乃請購樣品少許，以便歸與同來之夥伴，商定數量，備款洽購。孫遂給以價值十元之毒品一包，馬卽持歸，據以報告後，公乃密令武漢警備司令葉蓬照會法總領事派遣巡捕協助下，一舉將孫逮捕，並搜出大量毒品，解交

總部軍法處，一鞫而服。遂處以極刑，以昭炯戒。此一流毒江漢，危害人羣之大毒梟，伏法後，社會除一毒瘤，人心為之稱快。

(2)黔省政要輪運煙土由川過漢案　政要王伯羣偕其戚黔省府秘書長雙清之妻，挾帶大批鴉片煙土由重慶乘輪赴南京，經過漢口時，經人密告。公卽親率員警，上船檢查，搜出煙土數千斤，人贓並獲。當卽解送總部辦理。王伯羣亦到總部拜會秘書長楊永泰。於是雙清之妻，被送到漢口一家旅館住了一、二個月，就恢復自由，煙土也不知下落。總部的監察處主任，親自拿獲的大量煙土案，就此悄悄結束。

(三)住戶加租與堤款國有，約有左列兩案：

(1)住戶加租案　漢口業主公會，運動總部秘書長楊永泰，要將全市住房普遍加租。住戶訴之於公。公以事關全市住戶之權益，遂於黨政委員會開會討論時，堅決反對，以致相持不下。一日，總部舉行「總理紀念週」，結束後，楊向公解釋本案，意欲得到公的諒解。公頓時大怒，聲色俱厲的斥楊無恥。楊猝不及防，為之氣奪，瞠目結舌無以應。當經同僚出而勸解，楊始獰笑而去。事聞於駐節南昌的總座蔣公，不日即電請公到江西巡視，及公一離漢，全市住房加租案，就順利通過，批准施行了。

(2)提款國有案　楊永泰利用湖北人打湖北人，並造成湖北人相互間的矛盾，遂藉口前水利局長陳克明的貪瀆案，蒙蔽蔣公，建議將湖北省堤工經費專款，提歸中央。並任公為清理移交委員會主任委員，辦理移交。公力爭不得。乃嘆曰：「予鄂人也，若此不利桑梓之事，若因一官為之，吾子孫尚能解於鄂人乎？」於是留呈辭職，而潛赴北平。蔣公得報，亟派員疏解慰留，則已無及矣。

總上所述，可知公以鐵腕丹心，厲行豫鄂皖三省黨政監察之大責重任，本不難使貪墨歛跡，吏治澄清，以收整飭紀綱，轉移風氣之效。無奈道高一尺，魔高一丈，所有整肅要案，多被總部秘書長之專擅阻擾，未能發揮應有之功能。終致正邪不兩立，不得不飲恨而去。小人之道長，君子之道消，斯亦可為太息者矣。

四一、總部秘書長楊永泰之專擅跋扈與忌嫉構陷

楊永泰在當時是「政學系」的主角，任豫鄂皖三省剿匪總司令部的秘書長時，總攬行政大權，大有挾天子以令諸侯之勢。楊對公是持既厭惡而又貌為恭謹的態度。而公之對楊，則惡其縱橫捭闔，飛揚跋扈的官僚作風，深致鄙棄。彼此之間，早已形成冰炭。及至何蓀華違法亂紀，陳克明貪污瀆職，以及雙妻運毒過漢三大案之被湮沒，更覺楊之專擅奸險。一旦因漢口住房加租與湖北堤款提歸中央兩案爆發，遂決裂而閒隙愈深矣。至其如何對公之忌刻構陷，請觀公之《六十自述》：「秘書長楊永泰最忌余，挑撥離間，無所不用其極。總想擠余外用，以遂其私。乃言於蔣公曰：『湖北財政辦得極壞，早年難先先生任內之輝煌成就，不可復見。今若能令其復長財政，則不難振衰起敝。』言甘而意切。蔣公然其說，召余言此事。余當堅決辭謝，不待允許而趨出。蔣公以告楊，楊曰：『部屬不聽調遣，何以為政？』由是蔣

公意有不懌，而思有以解之。一日，謁蔣公言事，談及楊之為人，蔣公甚贊其才。余曰：『彼有何才能，是孟子所謂「小有才未聞君子之大道也。」』楊聞之，益思有以搆陷。會軍長徐源泉俘獲賀龍眷屬，解請總部法辦。蔣公批交監察處辦理。公親自訊問。以均係老弱婦孺，殺之無益，遂報請解回原籍發交縣長嚴加約束。奉批准予照辦。於是楊又乘機言於徐源泉曰：『君俘獲賀龍家小，厥功至偉，乃張難先竟謂君揑報邀功，一概開釋。』於是徐恨余入骨，每見均以敵視眼光對余。至是，楊蓄意使鄂人自相傾軋之陰謀，遂以得售。」然楊之陷公，猶不止此。四年後，楊永泰出任湖北省政府主席時，公築土室於武昌之珞珈山。楊就職後之次日，即有警士二名，假觀土室為名，以窺探尋隙。又數日，保安處長丁炳權，警備司令部參謀長金巨堂率領十餘人，驟至公處，多方偵查。公見此二事，知為受楊指使，藉以示威恐嚇，以報總部交惡之仇。於是遍鳴於衆，使其知有戒備而稍斂跡。終亦無所得逞。觀此，可知楊之於公，其居心之狠毒，又豈止排擠搆陷而已哉。

四二、自請調查定縣鄒平鄉村建設復命後返鄂辭卸總部職務

民國二十一年（一九三二）十二月，公因楊永泰建議將湖北堤款提歸中央案，爭之不得，憤而潛赴北平，並未奉准辭卸總部黨政委員會委員兼監察處主任職務。及二十二年（一九三三）三月，由平回鄂，適聞山海關為日寇攻陷，蔣公已由南昌經漢到保定坐鎮訊息，以國難當前，義難坐視，因馳赴保定，進謁蔣公，亟言宜合全國之力，一致團結抗日，蔣公頷首稱許。當命公赴天津查辦某案。公辭曰：「某案不惟總司令不必過問，卽難先亦不願過問。聞定縣、鄒平的鄉村事業，辦得很有規模。此實內政要務，願往調查，以為將來主辦內政者之參考。」蔣公首肯。遂先到北平，經友人介紹參觀華洋義賑會及平民教育促進會。旋由義賑會派員陪同至深澤，參觀八縣合作社之講習會。復往北到劉家莊、大小梨園、王家梨園參觀。義賑會所辦的合作社，應以王家梨園為最好。繼至定縣晤平民教育促進會主任鄭絅裳。當日由霍六丁、姚石庵、汪德亮三君導觀堯頭村同學會及合作社，復至馬寨參觀掃

除文盲與保健所的工作。至四月一日，又參觀畜牧、園藝、醫院、工藝等部門，並盡購該會各種刊物以歸北平。越日，特赴西山碧雲寺展謁總理衣冠塚並便遊遺光寺及崇壽寺。前者為公昔年訓蒙處，而後者則為公為參謀部錄事時所居地也。休息數日，卽由平赴魯。到濟南後，翌日卽同孫廉泉赴鄒平鄉村建設研究院訪晤梁漱溟，並參觀該院農林、畜牧、衛生及一切設備與課程，覺其理想多而實際少。調查旣畢，於是登泰山，謁孔林後，卽返至南昌（時蔣公已由保定回南昌行營）復命。旋於五月四日附輪返漢，回至靈山窩，遂貽書參謀長曹浩森（軍部制應以參謀長為主幹，秘書長次之）曰：「僕辭職三次，而總座迄不批准，僕以後職不再辭，俸不再領，衙門不再上，願君知我也。」後卽杜門不出，研究定縣、鄒平兩處調查資料。至是公始與豫鄂皖三省剿匪總司令部完全脫離關係，未朞年，總部亦告撤銷。

四三、閩變發生謠諑繁興囘省止謗

民國二十二年（一九三三）十一月，公正在沔陽縣與縣長召集各區區長會商決定成立東荊河堤促進委員會時，會閩變發生，李濟琛、陳銘樞等，在福州建立「中華共和國人民革命政府」。因李、陳為公多年老友，省垣以公遠出，皆疑赴閩。於是謠言四起，關注者促公速歸。不得已，乃於十一月二十一日回省，時欲陷公者，仍蜚短流長。公自問無他，聽其自鳴自息，日惟閉戶謝客，讀書寫字，終亦無事。

四四、抗戰初期在湖北省政府委員任內巡視各縣政情

民國二十六年（一九三七）抗戰初期，湖北省政府改組。何成濬任主席，公任委員。於是年十二月一日就職，除撰〈對於現屆省政之意見〉一文送何主席參考外，並私計委員雖只有出席省府會議責任，但在國難期間，自不能如平時之退食自公，委蛇委蛇而已。於是自動出巡各縣，視察政情，以為省府施政之參考。並決定在巡視期間，不住官署，不受招待，以免騷擾地方。計分三次進行，先後巡視通城、通山、崇陽、咸寧、蒲圻、嘉魚、漢川、沔陽、天門、潛江、監利、江陵、松滋、枝江、宜都、宜昌十六縣及第

一區、第四區兩專員公署。茲將公巡視各縣之觀感及建議事項分述如左：

㈠第一次巡視通城、通山、崇陽、咸寧、蒲圻、嘉魚六縣　通山、崇陽、嘉魚三縣縣長均屬庸猾俗吏，對於縣政，殊少建樹，當報省府分別予以察處。至通城縣區，地處偏僻，為日寇不易到達之地，在此敵氛甚熾之時，宜未雨綢繆，加緊設防。故建議省府，應於此時，予以籌劃，以為非常時期之準備。咸寧縣長戴肇瓊，幹練有為，勇於任事。蒲圻為第一區專員駐地，專員李輝武，出身軍武，對於地方行政，實多隔膜，政績平平。縣長李仲韜，雖覺年老，但尚知振奮，勉能盡職。

㈡第二次巡視漢川、沔陽、潛江、天門四縣　漢川劉縣長遇事敷衍，不負責任，以致縣政廢弛，非縣長之才。沔陽縣長王治鑑對某區區長賄釋盜犯，竟袒護不理，當電省政府嚴令王縣長將該區長押解省府法辦，並予該縣長適當之懲處。潛江常有匪警，旅店不敢宿客，縣長竟亦惶惶不可終日，當諭以須鎮靜應付，勿戚戚為也。及到天門縣之岳口，知甘家拐堤工關係天門、漢川、黃陂、孝感四縣人民之生命財產甚鉅，遂往查勘，諭以注意工程，妥慎防護。旋至縣城，周縣長隨侍不離左右，知其恐人乘隙媒櫱其短。即令回署處理公務後，乃得與該縣士紳會談，洞悉民間疾苦，並微行視察全城情況。本擬繼往京山、鍾祥、荊門等縣一行，俱因雨雪，車路不通，遂即回省，將巡視結果，報告省府處理。

㈢第三次巡視監利、江陵、松滋、枝江、宜都、宜昌六縣　此次巡視係於民國廿七年（一九三八）二月十九日，由省動身，第一站到江陵。江陵為第四區專員駐在地，亦即公昔年之茹辛含苦之地。蓋公二十歲後，窮困達於極點，曾橐筆乞食於此。此番重來，不禁感慨系之。當與徐專員談該區各縣政情後，即展謁張文正公居正墓並題遺像。旋繼續巡視監利、松滋等縣。巡視結果，覺此六縣縣長中，惟宜都之張縣長正性，尚精明幹練，工作努力，餘則無足觀也已。至三月廿八日，始回省報告此次巡視經過。

公三次巡視各縣歸來，深覺吾國政治，所以窳敗至此，實由於廢科舉改學校後，士人均集都會，鄉村無中心人物所致。特撰〈巡視各縣之感想〉一文，寄各省及本省黨政當局，參考研究，冀籌一補救之法。惟此文寄出後，各方反應，雖認為頗中肯棨，但均提不出具體辦法，因念在此情況之下，縣政苟無辦法，卽時出巡視，亦何補於事，故以後遂終止出巡。

四五、湖北省政府疏遷恩施後兼任民政廳長之政績

民國廿七年（一九三八）六月，湖北省政府再度改組，以陳誠為兼任主席，公仍為委員。於六月八日就職後，陳誠因軍事關係，不能長住省垣，乃派民政廳長嚴重兼代主席。八月敵機狂炸武漢，省府遂卽西遷宜昌。喘息稍定，武漢又於十月廿六日淪陷後，敵復向西進攻，於是省府又由宜昌遷至恩施。至二十八年（一九三九）六月，省府又局部改組，仍以陳誠為主席，嚴重則以建設廳長代理主席，公則兼任民政廳長。於七月一日就任。至二十九年（一九四〇）八月卅一日免除本兼各職，計任廳長僅為時一年二個月，在

敵機瘋狂轟炸下，亦曾致力進行左列事項而獲得相當成果：

(一)巡視七區各縣　先循巴咸路至咸豐。咸豐縣長段繼李，為梁漱溟弟子，少年老成，庶政皆具規模，地方安堵，少見鳩形鵠面之煙民。咸民素稱强悍，有此成績，亦非易事。旋至來鳳，因屢經敵機轟炸，全城幾化為灰燼，所幸來鳳人民較咸豐富足，經此鉅創，尚能繼續生活。建設廳新辦之棉業場，即設於此，規模粗具。施鶴人民賦無衣者久矣，故棉業場之設，實為當務之急。當遍觀該場，並勉勵員工努力工作，增加生產，以裕民衣。繼赴宣恩，縣長田休正與士紳在二區沙道溝會商地方事。因便道巡視，觀其舉措，覺該縣長尚知振作，地方士紳，亦能和衷共濟。及入城廂，適逢熱集，乃集合民衆講話，以資慰勉後，即回恩施。本擬再赴建始、巴東，適荊宜吃緊，遂中止巡視。

(二)與各縣長商討減租事宜　公初涖施州，即聞此地佃農租課奇重，猶存農奴制度遺跡，心竊傷之。及出巡各縣時，即與各縣長商討減租事宜，各縣長均表贊同。乃於旅途中草告民衆書，並派幹部訓練班學員數十人，專辦減租事務。惜為期不久，公卽卸職，未能觀成，深為遺憾。

㈢提議省府恢復民廳視察建制　民政廳本規定置有視察若干人，至楊永泰主政時，為集中權力，遂將視察人員改歸省府派用調遣，於是民政廳遂無視察人員矣。民廳旣無視察，不啻抉去廳長之耳目。但縣長之是否稱職，與縣政之能否治理，仍由廳長負責，是責聾聵者以視聽也。權責之不稱，莫此為甚。因向省府提案，決議恢復民廳視察建制。從此廳長可隨時分派視察人員赴各縣視察。廳長之耳目，旣經建立，於是民間疾苦，縣長賢愚，始能瞭如指掌，而為施政之參考矣。

㈣擴大禁煙宣傳　為擴大禁煙宣傳，特宴請黨政軍各機關及民間團體數十人，請其乘便協助，並印發圖畫文告數十萬份於全省保甲，以資普及。並將本廳職員，編為八隊，由公率領，分赴城鄉，從事宣傳，以資倡導。各界人士，亦聞風興起，競相發動，聲勢大振。民衆皆知煙毒之為害，而相與禁絕。

(五)年終考績津貼民廳職員　本府所屬各廳公務員考績，以絀於經費，主席特下手令，薪俸在五十元以上之職員，不得晉級加薪。公以民廳職員薪俸，在五十元以上者，多以因子女衆多，生活困難，加薪旣格於公令，不理復悖乎人情。於是將兼廳時之餘款（指節存廳公用之餘款）自十二月起，分別津貼亟待補助之職員，以鼓舞其服務精神。

(六)加强防空設備以策安全　公感於敵機之不斷肆虐，省府及各廳對於防空設備，太不注意。為策安全，因計畫建築五個防空洞，並派員監督施工。及五洞工程完成，則本府所有員工，乃有掩蔽之所矣。

以上為公在民政廳長任內施政所獲之成果。然以糧食及人事關係，亦遇有不少之責難與阻力，而使公浩然有去志，茲分述如左：

(一)關於糧政者有左列二事：

(1)因米荒大受譴責　恩施米荒之造成，省參議會石議長瑛有種因之嫌。因其主辦之合作社，請政府賤價强征民間存穀，交該社銷售。

因價賤，商人以無利可圖，遂停止營運。征穀數量有限，致該社求過於供，於是米荒造成矣。石氏不察，竟諉過於公，而大肆譴責。公以石居心無他，故忍受之。

(2)為米荒責非所任　施城常鬧米荒，極為煩苦。祇因抑價太甚，商賈裹足，實為一重要原因。然參議會猶謂抑之不力，天下事之難言也如是夫。公雖召集各界討論，均無善策。一因施鶴生產量少，一因路途阻礙，運輸不便。有此二難，則辦理維艱矣。其實民廳之職責，在調劑民食，歲歉時辦理平糶及施賑。施鶴民尚儉嗇，年穀順成，民食實無問題，所成問題者，即戰時機關學校以及團隊之食糧，均由政府負擔。此種責任，當由團隊之軍需與機關學校之庶務人員負之。乃各方不諒，仍一概愬之民廳，實責非所任，真煩冤也。

(二)關於人事者有左列四事：

(1)門人陳祥麟，長於會計出納，又極為清廉，因命接收前任現金。不料次晨代主席嚴重來廳，責公：「何以派此人管銀錢？此人不可靠，民廳存款數很大，倘有差失，你之責也。」公聞言，不知所答。因渠與陳素昧平生，何以肯定說他不可靠，必是渠聽信左右之言也。公以「旣長廳事，權責在我，卽是主席，亦不應過問。陳祥麟為我素知之人，我用之，自應由我負責，乃竟橫加干涉，今後若事事如此，則將何以自處？」當時雖納悶於心，然不願以此事有傷老友感情，故强自隱忍。祥麟聞之，卽負氣而去，只得另派他人接充出納。

(2)經管庶務之劉琮，為前浙江省政府秘書長劉南如之弟，性孝友，極自愛，不意由宜昌行署傳來蜚語，謂琮在商店購買物品時，索二八或三七回扣。公聞之，乃派員密查，始悉言出自秘書處印刷廠柳副主任之口。柳係省府前秘書長柳克述之本家。前因修築宜昌安韓公路事有隙，因而故意造謠，欲圖中傷。後查得劉琮並無索取回扣之證據多起，事始大白，而謠言亦息。

(3)朱樹烈、向岩二人在湖北有純正之聲，乃分任為沔陽、漢川兩縣縣長，並均經省府會議通過。乃嚴重赴宜時，聞金專員對朱、向有所不快，遂不問緣由，竟來電嚷責，並阻朱、向赴任。公以既經省府會議通過發表，無可變更，故仍令朱、向尅期到任，以維功令。

(4)丁壽石在鄂有循吏之稱，因長陽急須易宰，遂委丁繼任，並電告嚴重。詎伊覆電大不謂然，命改委軍事委員會及軍政部通緝之貫犯廷中，公亦置之不理，仍令丁赴長陽就任。

綜以上數事觀之，是內外用人，均不能自主。內無可靠之人，則內部無從整頓。外無用舍之權，則外縣何由控制。廳長負一省民政之責，內外用人，既無自主之權，而責任則由廳長自負，此事烏可為也。因而有飄然遠引之意。因嚴重已赴宜昌，公代行府事，未可遽去。故擬俟嚴返施後再定行止。

四六、選任國民參政會參政員及國民大會代表

民國三十一年（一九四二）十月，國民政府設立國民參政會於重慶。集全國各黨派人士，社會耆宿與專家學者於一堂，共同討論國是，以促抗戰勝利之早日來臨。於是公以湖北耆宿經鄂省參議會選舉為國民參政會參政員。公以既由參議會推選，無法辭卸。遂於十月廿二日參政會舉行開幕典禮時，前往出席，並由與會同人推致開幕答辭。卽舉孟子「責難於君謂之恭，陳善閉邪謂之敬，吾君不能謂之賊」三語相勗勉。並提兩案，均經大會通過。其後自三十二年（一九四三）九月，至三十六年五月，每年召開之國民參政會，公均準時出席。除卅二年九月十八日及卅三年九月五日兩次會議未提案外，其餘三次，均有提案。其中以卅四年七月七日所提四案及卅六年五月十九日茶會中提議，較為重要。前者四案為㈠請政府受盡言，以致富強。㈡請政府注重力行，以安內和外。㈢請政府本身守法，以奠憲政基礎。㈣請政府注意監察、司法兩權，以禁暴止貪。均經大會通過，送請政府採擇施行。後

者提議：「要以解決中共問題為中心，宜盡力討論此問題而商得一政府、中共俱能接受之方法，而能和平解決，蓋不如此，則此會為無意義也。」當經與會衆多同人，熱烈贊成。次日報章亦鄭重登出。不意六月一日開會時，竟有人直斥主和者為秦檜，為幫助共產黨，自是絕口不發一言。二日參政會閉幕。七日遂離京返鄂。公在任參政員期間，曾於卅五年十一月已遴選為國民大會代表。及卅七年三月廿一日國民大會籌備委員會在南京成立，廿八日國民參政會宣告結束。參政會秘書長邵力子因國民大會成立後，參政員職務解除，公之生計堪虞，來函擬請任公為某委員會委員，徵公同意，當卽覆函逕謝之。嗣張伯常主席與何雪竹議長，聯名薦請總統蔣公聘任公為國策顧問，正擬函辭間，適總統府已將聘書及薪俸領條寄到，不便再函張、何，乃立具懇切告病之函，逕呈蔣公辭謝，並將聘書領條璧還，從此不復再任國民政府公職矣。

四七、編印湖北革命知之錄的四原則

公以辛亥武昌革命史事，言人人殊，迄無定論。爰於民國卅二年三月，訪求辛亥武昌起義史料。因湖北通志館中央黨史委員會及國史館俱對此一史事，非常冷淡，知不可以寄望於上述機關，遂發願以全力從事此一編纂工作。乃於同年六月，開始採集史料，並多次遍訪老同志及各大學史學教授與專家學者，相與討論印證，參以個人經驗，夜以繼日，努力撰述。至卅四年五月，始告完成，名曰「湖北革命知之錄」交由商務印書館，於十一月出版發行。在此書編輯之始，決定四原則：一、不請闊人作序；二、不向親友募印刷費；三、不自我鼓吹；四、不因同志小過而掩其大功。時有李春萱者，聞公著述辛勞，擬滙贈國幣伍仟元，以為印刷之費，公以上述四原則函告李君，並婉辭謝之，李君因而作罷。

四八、任卸湖北省銀行董事長之始末

民國卅七年（一九四八）湖北省議會開大會時，選任公為湖北省銀行董事，知不能相容也，去函懇辭。旋得何議長復函挽留，並派駐會委員面告，大會已經閉幕，駐委無權准許，不得已勉允。就職後，又由常務董事選舉為董事長。事先有人鑽營此職者甚力，卽見公被選為董事長後，如芒刺在背，必欲去之而後快。公就董事長職後，以責任重大，長駐會中。一日晨，有三人來見，一為營謀董事長者，一為預定為行長者，一為此事之主謀者。三人坐定後，卽氣勢洶洶，借質問一事為題，出言不遜，極盡侮辱之能事，公頗以為怪。卽其事根據事理與之辯論，三人理窮無言，深覺愧窘。公見狀，乃自承缺失，以為轉圜之地。於是相與聚餐，談笑而別。後得知三人計謀，以公素好負氣，若加侮辱，必拂袖而去，則彼等自可如願以償。孰知公處世無愧，而又為議會所選舉，不能來去自由，卽若無事者然，仍照常任職，此則出乎彼等意料之外。迨十二月參議會復開大會時，乃合法辭職之日。於是備妥辭職書，卽召集董事會，俟一切提案討論完畢，當宣告已向參議會辭職，不再到會矣，謹告別，不待渠等發言，卽離席而去。公此時之走，又為彼三人所未及料。

四九、抗戰勝利由渝返鄂悲喜交集

先是公寓居恩施，因卅二年（一九四三）五月，倭寇由監利渡江，連陷公安、石首、松滋、宜都直逼野山頭，恩施震動，並時遭敵機轟炸。於是公乃率眷於六月間關到渝。稅居於渝郊之歌樂山。至卅四年（一九四五）八月，日本無條件投降，舉國騰歡。公乃於十二月五日離歌樂山到渝候機返鄂。八日上午離渝，下午到達漢口。一路所見，敗瓦頹垣，荒煙蔓草，非復昔日繁榮景象。想見倭寇之瘋狂肆虐，不禁悲憤填膺。及回到靈山窩舊居，雖門窗多有毀損，但大體尚幸完整。至珞珈山之思舊庵，亦尚依舊存在。八年浩刼，寓廬竟完好無缺，則於不幸之中，又不禁翆然而喜也。

五〇、七十自壽及其他聯銘語錄

民國三十二年（一九四三）癸未三月三十日，為公七十大慶，以時值抗戰期間，所有慶典均辭不舉行，惟以一聯一詩自遣，詩不詳。茲謹將公之自壽一聯恭錄於左：

少與惡社會鬥，長與惡政府鬥，拔劍揭竿，禍闖百千儌倖過。

貧賤足以死吾，憂患足以死吾，連災屢刼，我生七十實真難。

從以上自壽聯中，可知公之磅礴正氣，浩然獨存，而不可侵犯者，則為貧賤不移，富貴不淫，威武不屈，巍然屹立兩間而無能撼搖之，此公之所以為湖北三老中之大老也。

此外尚有數聯及銘語，亦可見公之自況與勵學，足以發人深省者，亦併錄之於左：

㈠少年所撰門聯：欲乘長風破萬里浪；懶與俗人論八股文。蓋惡世人言不顧行，徒襲麗辭以干祿也。

(二)早年旅京撰聯：一狂一狷學者；極新極舊人家。
(三)輓石瑛聯：哭君祇有淚；提筆竟無言。
(四)輓嚴重聯：三軍奪兩帥，君死嚴重；一人咻衆楚，留我難先。
(五)佩玉刻銘：太剛必折，太柔必弱。中正和平，式訓式行。惟謹惟慎，惟勤惟儉。忽忘人德，不念舊惡。勒石自警，吾日三省。
(六)同鄉後的心得語：(1)見利思義，見危授命，久要不忘平生之言。(2)士不可以不宏毅，任重而道遠（首義後在鄉苦讀八年，自問收穫，只研究出上列兩語）。

五一、自己的話與告諭子女並奉告親友

公於民國廿三年（一九三四）三月，特將自己的話，與告諭子女，奉告賓客三項，書揭於靈山窩廳堂壁間，以示昔年之艱苦，藉以諭勉子女，應求自立，努力向上，以免累己累人。並告親友來賓，因居室偪仄，又無傭人，招待不週，尚祈原諒，茲謹錄於左：

(一)自己的話

余少時處境略順，飲食教誨，父兄俱恣余所欲。十六歲父故，廿二歲兄亡，家卽中落。二十歲至五十，三十年間，常至斷炊，故學問一無所成。近十年因各種關係與聞政治，於國無益，尤悔實多，然精力則已罄矣。性剛才拙，不合時宜，應卽自行檢舉，再不入政治漩渦。年逾六十，旦暮難知，所有身後，不妨談及。余易簀時，家中切不可下訃文及收入輓章，因本人志事，很不易言，言之溢美或失實，徒令死者難堪。加之古典文學，已成過去，費力苟作，等於無聊，又奚取焉。余生平主張火葬，家中及親友，到彼時，須屏除俗見，照辦諸事從簡。居喪鋪張浪費，俗人以為榮，通人以為辱，況且實在無錢使用。今吾言此者，恐彼時不能言也，願家人勿忘。

(二)告諭子女

現在家庭之間，因經濟與思想之變動，父母旣無術以支配子女，子女亦無術定省父母。故現在家庭之界說，以一夫一妻及未成年之子女為限。以後吾子女，除有特別變故在此小住外，均宜各求自立，各立門戶，我之不能供給兒女，猶兒女之無法奉養我也。其各努力向上，以免累己累人。

㈢奉告親友

街市住家，不比鄉間，房屋行李鍋灶都窄，留客膳宿，除有特別情形外，實在不便。加之現在家庭，子女成年，卽要離居。雖有兒媳，儼同孤人。今年已老，無力僱人伺候，所以招待賓客，實在抱愧，望族黨親友原諒。再親友多以余服官十年，交情必廣，介紹小事，以為很易。不知余性冷淡，交遊極寡，凡欲託余介紹職務者，請鑒茲苦衷，不必啓口。

余三十年苦境極多。曾記廿二歲兄沒，服賈負債太多，出門常為債主奪其所有，己酉年以糠皮野菜度日。民國四年為老圃，每日鷄鳴上街賣菜。隆冬之時，在街簷坐點餘鍾，始天明開市，因遲到卽無頓菜之地也。吾服官數年，子侄輩均忘吾等為貧寒人家，此極險之事也。特摘出以告後人，望速歸樸返真，免陷絕境。

五二、避暑匡廬突遭斷絃之痛

公於清光緒十九年（一八九三）癸巳正月十六日，與夫人陳懿（襄勤）女士結褵於沔陽，夫人系出名門，幼承庭訓，少從其祖父邑庠生錦鸞公讀，知書達禮。長習農家生產業，習於勞苦。自歸公後，操作井臼，甘苦共嘗。一九五三年癸巳七月十六日，偕公同赴廬山避暑，不意於廿一日竟以暴疾逝世。享年八十一歲。公伉儷情深，老而彌篤。茲不幸於旅遊中遭此變故，悲悼之深，莫可言喻。因輓以二聯，並繫以序跋，以誌悼念，茲恭錄如左：

㈠序　襄勤夫人靈鑒：夫人以癸巳年來歸，今又為癸巳年矣，回憶此數十年之苦辛，只吾二人共喻。頃避暑來廬，夫人突以暴疾逝世，福薄如紙，為之奈何！聊聯以誌哀耳。

⑴數十年患難夫妻，而今已矣。俄頃間東西勞燕，殊形突然。

(2)從弗以革命累卿為苦，從弗以兒女累卿發煩，安貧數十載，好合無猜，可算吾一生知己。毫不因處境豐裕而奢，毫不因厠身顯貴而惰，涉世八一年，窮通不貳，似勝那五居文人。

一九五三年七月廿二日老夫張難先輓於匡廬

(二)跋

(1)夫人姓陳名懿，字襄勤，湖北沔陽人，少從其祖父邑庠生錦鸞公讀，長習農家生產業。

(2)吾家本小康，吾輩結褵後，父兄見背，家卽中落。吾兄弟析居時，吾家僅分薄田三畝。吾自康梁變政時，卽發動政治熱情，好事奔走，長不顧家。夫人共生兒女九人，四夭，所餘二男三女，悉由夫人教養。卅年來，時常斷炊。總以一身之勞動掙扎之，毫無怨言。尤其滿清倒後，本可立躋通顯，而吾不滿於時人時政，復自衡量學養不足以負荷，乃襆被旋里，閉門讀書者十有二年。其家之困苦較昔更甚。夫人仍操作如常，毫不以無故累渠，抱怨於吾，此吾感激最深之一事也。在一九三一年，吾卸浙政後，復不滿於時人時政，屢徵不起，又度其斷炊生活，時夫人以老病交加，仍晨夕操作，貧窶自甘。

(3)七月廿日下午四時半，夫人猶赴厨房治晚餐，旋來廳坐沙發上與吾閒談，精神極好。正談話間，渠忽吐噫氣。余問：「何噫？」渠曰：「頭昏。」余趨撫其手，冰冷暴汗。知病，卽延醫。渠隨斜倒於沙發上。醫至，量其血壓，已達二百一十多度，認係左腦出血。乃移其身正臥時，已失知覺，惟口吐白沫，醫卽注射各種急救藥品無效。延至廿一日上午零時廿分逝世，享年八十有一。夫人疾作時，約十餘分鐘卽進入昏迷，約歷時七點廿分告終。本人在側，由護士淨身更衣，於廿一日上午十時舁至黃龍寺舉行火葬。除本人親送外，並有當地機關首長陪同輓送。女端君、肖瑜、子澈生廿四日來廬奔喪，則已不見其母矣。哀哉！

(4)前清從事革命，卽目為叛逆，鄉里人聞之多掩耳咋舌。夫人深知其意，毫不非難，並勗勉之，囑勿以家事為念。此種信念，五十年如一日。

(5)吾任鄂財政廳長時，生活可稱富裕，夫人飲食衣服，毫不改其常度。

(6)我長銓部及主浙政時，可謂通顯，夫人從不驕惰，仍勤於操作，一如微時。

五三、大陸變色後被任爲人民政府委員以九五高齡壽終京寓

民國三十八年（一九四九）十二月，國民政府退處臺灣時，公因無官守，遂以平民身分留居鄂垣。迨中共政權建立後，公因望治心切，誤信中共和平、民主之宣傳，在其統一戰線的影響下，遂勉受邀請，出席全國政協會議並被任為中央人民政府委員，中南區軍政委員會副主席，及全國人民代表大會第一二三屆常務委員會委員等職，達十八年之久。位雖崇高，但無實權，遂始終未進一言，畫一策，隨班進退，直同伴食，故自一九五四年以後即終止記事，其精神上之苦悶，不言而喻。洎文化大革命發生，公雖倖免於

紅衛兵之迫害，然於怵目驚心之餘，未嘗不痛恨在四人幫專政下欲求民主，更如緣木求魚。至是民主企求，完全破滅，因而憂憤成疾，終於一九六八年九月十一日以九五高齡，壽終京寓。從此一代人傑，撒手塵寰，徒留遺愛於人間矣。今公之墓木雖拱，然今人一念及公嶙峋之風骨，與彪炳之德業，則又莫不興「人之云亡，邦國殄瘁」之嘆。

五四、追求民主終生不渝長留典型歷久彌彰

總觀公之生平，雖詳載於＜義痴六十自述＞及＜六十以後續記＞兩篇遺著中，然均偏於記述具體事實。其所秉持的政治立場及觀點，則語焉不詳。今欲探討公之政治趨向，勢非從公平日之言論動態，加以體會觀察，不能得其梗概。按公一生尊崇儒學，尤其服膺孟子「民為邦本，本固邦寧」及「民為貴，君為輕」的民主思想，因而堅定其民主政治的嚮往。蓋政治民主，然後始有民有、民治、民享的民主國家。故公一生之進退行藏，莫不以民主為依歸。遵循民主者，則翕然而從之，違反民主者，則望然而去之。為追求民

主，推翻專制，故早歲卽獻身革命，幾以身殉。辛亥革命成功，眼見一般新貴同志，腐化專擅，毫無民主意識，於是憤而還鄉，以灌園賣菜為生。及袁世凱帝制敗亡，軍閥據地稱雄，互相爭戰，致人民生活，日處於水深火熱之中，救死惟恐不贍，尚何民主之可言？公處此國事蜩螗，民生凋敝時期，乃北上燕京，觀察政象，並究心時務。就觀察所得，深覺欲求民主政治之實現，必須在安定和諧之環境中，始能運作進展，因而產生厭戰求和之心理狀態。斯時吳佩孚正虎踞洛陽，雄視中原。公以為如能促其止戰謀和，從而建立民主政治，未嘗非一絕好之機會。故不惜馳書於吳，與論治國安民之道。不但毫無反應，而軍閥混戰，反趨激烈。公正感憂國有心，匡時乏術之際，適國民政府於民國十四年在廣州成立。乃以國民黨員隻身南下，投効於國民革命陣營中，得以歷任要職，卓著政聲，是為公從事實際政治之始。因其剛正廉明，不畏權勢之風骨，為國府主席蔣公所器重，故得內掌銓衡，外膺疆寄，內外歇歷，則已致身通顯。惟公冀望和平，追求民主之心願，與日俱增。身雖顯貴，然鑒於國共兩黨之劍拔弩張，與時政之偏離民主，以致不無怨尤，但又覺當時除蔣公外別無可寄託希望之人。故於各種集會時，屢次建議國共兩黨攜手合作，共建民主政治。亦即基於先有和平，然後始能建立民主政治之一念。無如當時以迫於情勢，公之建言，不但未受重視，且反遭時忌，因而加重其失望之感。及至抗戰勝利，國共兩黨終以兵戎相見，和平似已絕望，公蒿目時艱，惻然心痛，不免歸咎於政府。加以蔣公左右，如楊永泰之流，居中挑撥搆陷，遂與蔣公日漸疏離，浸假而終致決裂。拒受聘任（如退回國策顧問聘書是）。至對共黨素主國共合作，共同完成國民革命之使命，不料後竟演成兩黨內戰，以致深感痛心，但對國父和平、民主遺教的信仰，則始終不渝。是公一生之政治動向與發展，雖極曲折迂迴，但其所循之道則一，即基於孟子的民主思想擴展而為和平之呼籲與民主之追求是已。惜乎公之追求民主，雖終生不渝，然終未能及身實現，不可謂非一大憾事。真可謂「極一生無可奈何之遇」，只有「將遺憾還諸天地」而已（清巡臺使者沈葆楨題臺南赤嵌樓聯語）。今距公之逝，雖已逾念年，但其長留之典型，將永照耀人寰，歷久彌彰。今述公之生平既竟，謹奉蕪辭，以誄潛德：

鄂之人傑，國之大老。灌園課讀，安貧樂道。潛謀革命，身幾不保。武昌起義，同伸天討。服膺孟子，民主是好。憂心國事，惄馬如擣。敬恭桑梓，功同再造。敭歷內外，聲聞孔昭。追求民主，痌瘝在抱。瑰意琦行，惟賢所寶。昊天不弔，不憖一老。緬懷先哲，誄德以表。

後記

民國卅五年（一九四六）十二月公出席國民大會時，我曾進謁於南京中央飯店。會後，公卽反鄂。未幾，我亦隨政府播遷來臺，從此音訊斷絕，形同隔世。至一九七七年來美後，卽多方探詢公之消息，始於一九八四年獲大陸友人來信，驚悉公早於廿年前卽已辭世。故於悼傷之餘，除已敬撰〈感念張公難先對我的殊遇〉一文分載於美國加州的《金山日報》及臺北的《湖北文獻》第八十一期外，並擬就公一生之行誼，為有系統之敍述，以彰潛德，而永追思。惟以從公工作，時僅三年，所知無多，雖有傳聞，亦難徵信。因而不敢貿然從事。遂即分函大陸友好，代為搜集資料。既而金紹先（雲渠）兄從成都寄來鄭桓武〈湖北三怪之一的張難先先生〉及賀蓀三〈張難先先生二三事〉兩文，雖不無可資參考之處，但以鄭文立論偏頗，有乖公論。賀文則局限於公任總部監察處主任時所發生之諸事，偏而不全，均不足以饜我之需求。正遲疑瞻顧間，適南京洪毅（任吾）兄函告，知公之哲嗣澈生兄，現居武昌，因而取得聯繫，互通音訊後，始承寄湖北文史資料中之〈義痴六十自述〉及〈六十以後續記〉遺著兩篇，與其手抄雜記數則，均為第一手原始資料，彌足珍貴。欣喜之餘，遂著手撰述。祇因視力衰退，時作時輟，以致經三月之久，始勉成初稿，繼經整理繕正，又費時月餘，乃告完成。按本文除前言、後記外，計正文三十八章，約三萬餘言，其所取材，十之八九，以公之自述及雜記為藍本。十之一二則為我所親歷感受之事實。其真實性，殆將無可置疑。惟自慚學識淺陋，拙於文辭，未能盡發潛德之幽光，闡志行於隱微，斯以為憾耳。至公八十以後之行誼，因〈六十以後續記〉至一九五四年三月三十日，即便終止，而我又播遷海外，見聞未周，故公在此十餘年間之言行，未敢妄加臆測，而世局變幻之亟，亦非公所及料也。所有疏漏欠周之處，布亮察焉。最後對於澈生、雲渠、任吾三兄之惠寄資料，與通訊協助，以及內子倪琪女士代為清稿繕正之勞，特致懇摯之謝忱。

西元一九八六年十二月一日荊門李飛鵬敬撰於美國加州聖荷西市寓廬時年八十有八

附錄

一　八十以後隨筆

張難先

余孟浪一生。六十歲後、友人嚴君立三促予寫其經過。笑謝之。後渠頻頻催促。乃成「六十自述」一冊。立三題簽。不料忽忽又七十、又八十年矣。復成「六十以後續記」一冊。記至八十足歲而止。今予八十又二矣。猶在世為人民服務。似仍有續記之必要。因購冊子一本。顏曰「八十以後隨筆」。起一九五四年二月廿六日、卽陰曆三月三十日、因我之出身卽陰曆此日也。現在世界日大。學說日精。吾一日不死。卽當一日求知、以為人民服務也。吾所自勗者如此。其他皆非所計也。

一九五五年十二月十八日義癡識於首都時目半盲矣

甲午。一九五四年、農曆三月晦日、卽予足滿八十歲、進入八一初度之時也。隨筆卽從此開始。

二、三、四等月都是為東湖風景區布置、及編東湖遊歷的刊物。因國際友人來者漸多。真需要此等指導刊物也。我只居於提倡地位。後竟成東湖簡介一書。雖不完善。亦慰情聊勝無耳。

六月三日、朝鮮人民訪華代表團上午九時至武漢市。歡迎者數千人。下午六時在中南局歡宴該團共四百餘人。主人三百餘人、我參加。左手為金達鉉副團長。年七十餘、治漢學。談次甚灑落。　四日上午十時半、同長女端君、次兒澈生、及隨從人員等、乘京漢火車進京、開政府委員會議。討論㈠憲法草案㈡一九五四年國家預算。㈢撤消大區一級機構。　五日下午六時到達北京、寓北京飯店。　十四日在勤政殿開委員會議。下午十時、通過憲法草案。至十九日、復通過裁撤六大區一級機關、及合併省市各案。八時閉會。　屈原生於湖北姊歸、世稱愛國詩人。若湘、若蘇、俱有專祠紀念。鄂獨無有。間屬簡略。我因建議軍政委員會在東湖風景區為屈原留一紀念建築。承會中採納。在湖上建一行吟閣以紀念屈子。閣成、吾於本月復建議秘書長張執一收集屈原有關著作、圖片、佈置閣中、以豐富其內容。經張執一及財政部長李先念同聲贊成。並許款之多少俱由會中支持。於是邀請郭沫若、游國恩、文懷沙、林庚、鄭振鐸、陳叔通、林宰平、陸和九諸專家相協助收輯書籍字畫。幷有子女端君、澂生二人幫助經年。始成東湖最有價值之文化設備也。惟適遇胡風集團之嚴重打擊。殊出意外。

七月二十一日、卽亡室襄勤夫人周年忌辰也。於是柬請夫人生前知舊、如張執一秘書長之母親張老太太、岳母馬老太太、及其全家、陸和九先生全家、浦文彬世兄全家、昔年駐京之錄事同事汪敦五先生、在前門外全聚德菜館聚餐以作紀念。女端君、子澂生俱在側。旋命澂生運書籍字畫回漢交行政委員會、並辦理款項及結束手續。我與端君暫留京。

八月一日下午、同端兒及警衛員乘車回漢。留澂生往京辦理購書事宜。因水大沒軌、三日晚始抵漢寓德明飯店。次早、卽坐車看江水情況、高出市面近丈。盡以土臨特搶築堵之、危險萬狀。再折視吾惠濟一路住宅。已水深數尺。其書籍、衣服、俱已搬於行政委員會、狼籍不堪矣。吾此次回漢。係奉吾省政府、召開省第一屆人民代表大會第一次會議而來。因我已被選為省縣代表故也。　四日、移寓武昌東湖客舍。因水大渡江艱難。恐開會有阻滯也。　五日、在省府大禮堂開座談會。下午六時散會。　九日開大會。我被推列為主席團主席。是日執行主席為省府主席劉子厚。致開幕詞。我亦講過話。　十日、交款端君肖瑜兩兒、救濟來省避災的親友。　十五日、大會選舉全國人民代表大會代表。我復被選。下午三時閉會。　十八日渡江寓德明飯店。　十九日上午十一時同端兒、警衛員乘飛機進京。下午三時抵西郊機場、隨趨車寓北京飯店。

九月十五日、開第一屆全國人民代表大會第一次會議。我被推列名主席團。這次會議的任務。㈠制定憲法。㈡制定幾個重要的法律。㈢通過政府工作報告。㈣選舉新的國家領導人員。這些工作都順利完成任務。我被選為全國人民代表大會常務委員會委員。　廿八日閉會。　本月十九日因齊白石爲行吟閣書畫多件請他吃飯

十月一日國慶節、為慶祝制定憲法、新政府建立、熱鬧異常、越數日端君同聶松翹夫婦乘京漢路車回鄂。　廿五日、命澈生運行吟閣書籍字畫回漢、交於行政委員會、並辦理銀錢手續。

十一月十七日予離京回南。十九日上午抵漢口時、中南行政委員會已撤消。我調京人代常委會。自應住京。因京中住宅、須半年始能辦妥。久住飯店、甚感不便。故回漢料理家事。一俟房子有着。再赴京也。漢寓惠濟一路住宅水已退乾。因命端兒接兩位姑媽、及外甥田天福都來漢寓同住。兩姊甚康健。至足樂也。 廿六日晚間、故人黃吉亭先生逝世於上海、年八十有五。甚感傷。因譔聯以輓之。聯云。「帝制存不畏勢、帝制亡不言功。胸懷器識冲夷、專著應資為楷範。救黃克強於湘。創日知會於鄂。襟懷超越。先生真功在國家」。 日知會同人存者無幾。因約梁君鍾漢范君尚之兩君來舍聚餐以悼之。 是月次兒澈生身體不好。統戰部將渠從銀行調到東湖行吟閣圖書館工作。渠是在復旦大學學文學的。調此則對於他的身體、實有好處。我很安心。

乙未、一九五五年、足滿八十一歲、進入八十二歲。

元月二十八日、參加本省第一屆人民代表大會第二次會議。

二月五日省人民代表大會閉幕、渡江回漢京寓。因為胡風集團所困。情緒極沉悶。因此時胡風破綻尚未顯露。而社會亦毫無是非也。

四月六日、安葬襄勤夫人於武昌九峯山獅子峯之陽。立有墓碑。係用兒女等名義、我附一誌、放後稿第二册。墓地乃中南行政委員會與湖北省政府協商而指定者也。夫人勤苦一生、得此幽宮安息。真如世俗人所謂福人葬福地。福地等福人也。一歎！

五月十日、派姪媳梅姑送五姑、六姑回沔。因吾不久進京。他們年太高、不便遠行故也。五姊（我之胞姊）年八十七。六姊（我四叔之女於我為從姊）年八十有六。臨別依依。有說不出之痛。故別後每月五姊寄十元、六姊寄五元作渠等添菜之費。聊盡骨肉之情也。 廿日、依人代常委會規定視察武漢市、糧食情況。我本擬回原選舉區沔陽視察。劉省長子厚見我年齡太大、又有安全關係。請我就在武漢市視察。亦不違反規定。故未回沔也。

六月十一日、省市政協開擴大會議、由省政協副主席周傑主持。文聯某作報告。依據胡風一切反革命材料、請到會人士討論胡風集團反革命罪行。當時會場空氣至為激烈。散會後、始知要檢查我代購行吟閣之書籍字畫之省文化局副局長伍禾、即胡風走狗也。走狗又嗾使其所屬走狗（不屑舉其姓名）血口噴人。吾半年坐鼓不知、任彼奸黨踐踏、至今始鬆了一口氣也。 政協十三日又開擴大會議。而人民日報已披露了胡風反革命文件六十餘件。會場情形愈益激烈。我亦憤慨言之。散會後自覺會議情形、已到了鬥爭階段。八十老人還值得與彼等作狗打狗架耶？於是接淅而行計。　六月十五日下午十一時、由漢乘京漢路車入都。　十七日上午六時抵京。由機關管理處劉繼平科長引導至京寓、前圓恩寺十四號居住。房子很好甚合意也。同來者只端君及隨從。

七月五日、開第一屆全國人民代表大會第二次會議。我參加主席團。提了「請政府延聘營養學、生理學專家、會同糧食部、衛生、農業、商業、輕工業諸部、研究各種人等的正規食量、宣傳、教育、假以時日、逐漸使每個人的食量都歸正規化、「以民食」一案及發言以補充提案餘意。此次會議最重要的任務就是「討論發展國民經濟的第一個五年計劃」的工作。此案經過小組討論好久。始提出大會通過。並通過其他各案。卅日閉會。　卅一日參觀八達嶺（卽今之南口古之居庸關也）及官廳水庫、乃集體旅行、早去晚回也。　再、卅日大會幷通過參加「各國議會聯盟」及執行委員會人民代表團主席、副主席、秘書長、委員名單、和其他名單、我被選為執行委員。

八月七日、陪倪甥文穆、長女端君、孫銘渝、銘玉、孫女銘淋、外甥孫春元、外孫媳浦普、敏偉、外重孫林雲、林星、遊頤和園。數千里四散之人、竟能同聚於首都勝地、寧非至樂。文穆為四川派往大連聽蘇聯政治經濟專家講學畢後過此、端君隨侍來京。銘渝、銘玉七月廿日到京、轉學京中高等中學。銘淑亦想轉學京中、六日到京、得鄂同學信、仍於十三日回南本校。春元夫婦俱由組織調京工作。去年全家遷都。此今日同遊諸人之行踪也。文穆則於八日晚車回蜀。

九月十九日、致香鄭位三先生、請渠指點我的馬列主義理論。因渠對馬列主義很有心得故也。後因渠暢談一次即病。為己損人、我不為也。以後即謝不再至。專以聽廣播馬列主義講座為主。　廿五日亦以上意致函劉委員長。因渠有「活馬克司」之號。又隸渠部下。所以求渠指示。後因廣播講座極好。他事又煩。亦徑謝之。

十月一日、國慶節。熱鬧異常。我同黨政軍各首長俱上天安門城樓上檢閱軍隊及各界遊行。晚會放燄火慶祝。皆大歡喜。　二日晚會、由彭真市長舉辦八國聯歡晚會。八國歌舞團表演　及梅蘭芳、馬連良表演打魚殺家京劇。至轉鐘始散。　十五日由陳叔通、梅龔彬兩先生之介紹、得參加政協之學習委員會。今日開始。以後當按時到會也。

丙申、一九五六年、足滿八十二進入八十三歲。

元月二十一日、鄂寓澈生、肖瑜等舉行其母三年服闋之禮。京中亦以銘玉承重孫之名義、在廿二日星期舉行。時為農曆五五年十二月初十日也。並更其輓聯為八一壽聯、以懸張於遺像左右、等於夫人之傳序也。

附錄

二　一九四九年以後的各項文稿

張難先

(1) 致李先念主席　八月十一日

吾鄂强半為湖鄉。故歷來疆吏無不注重堤防。因隄防不啻民衆之第二生命也。然積弊相承。大抵延宕至春間二、三月始開工。此時桃汛適至。春耕已臨。往往工不易徵、土不易取。必至半途而廢。或則潦草塞責。卽倖成隄。只形式宛然。亦以土鬆易潰而成災。蓋隄成後必須經幾次大雨，土始結合，再加清檢，隄乃堅固故也。故僕以為政府須於秋間宣傳、組織。初冬卽須切實動工。陰曆正月卽須告竣。此時農工已息。正好從事修防只要組織得法，領導得人，此事實輕而易舉。主席下車伊始，注重隄防。故敢以一得之愚，供獻左右，希採擇焉。再僕於卅七年前曾擬沔陽辦理農政簡章，由省議會議決、分發沔陽、及水鄉各縣仿行。但劣紳土豪俱以於己不利，百出其途以撓之，故成效未著。今幸政府痛懲土劣，此弊當可無虞。拙稿之擬定，距今雖三十餘年。然其組織、搶險、做隄諸法，至今仍多適用。特附奉覽。惟希賜教為荷。

(2) 致新政協籌備會李任潮副主任

八月廿四日

頃奉中共中央華中局統戰部函云。「新政籌協備會已決定邀先生為代表，并定於九月一日乘車赴平」等語。僕雖衰朽，何敢告勞。晤教有日矣。惟僕於未來之前，有一言急欲言者。現在經濟拮据，已為無可掩諱之事實。中央號召節約，自應從政協做起。僕觀武漢軍管會所屬各機關職員，均能刻苦自勵。吾無間然。惟治國者不僅在己立己達，必須立人達人。造成全國風氣。始於事有濟。僕以為此次開會。宜以舊政府時代之浪費為殷鑑。招待代表，用人宜少，供應宜儉，一洗從前官僚惡習。……唐虞時代。九年大水。夏禹菲飲食。惡衣服。卑宮室。卽以此挽滔天厄運。今世亂較唐虞尤甚。若猶不能擺脫世故。牽就陋俗。糜費民脂民膏。縱國人不言。然環顧全國之父老兄弟、諸姑姊妹之顚連無告。轉徙溝壑。而吾輩高坐唐皇，酣嬉醉飽，尚得謂有心肝耶？吾兄職司籌備。應有言責。事關樞機。希垂察焉。

(3) 在第一屆政協全體會議發言

九月廿四日

主席、各位代表。本席這個單位的小組，因薩代表未來，各代表公推本席發言。本席當時卽邀請本小組的各代表，徵求對於本會議的共同綱領，及本會議的組織法、與政府的組織法三個草案，有何意見。各代表都認爲這三個草案穩貼妥之至。只有擁護這三個草案順利的成功。並無其他意見。所以本席今天只有轉達本小組各代表擁護這三個草案之誠。再無其他可說。不過本席還有一點感想。本席這個小組的代表中，如張代表元濟、周代表善培、都是七八十多歲的人。數十年不願參加甚麼政治性的會議。再如李代表書城、甯代表武、張代表酴村、都是中國同盟會的老人。好多年看見舊政府所作所為，都是背叛孫中山先生的主張。遇到甚麼政治性的會議，都是不肯參加的。却是此次所召開的人民政治協商會議，大家都歡欣鼓舞。不顧衰老，毅然參加。這實在是看見軍隊風紀之好，公務人員之刻苦努力，以及中央之英明領導所感召。就這幾位老先生之參加看來，真可以代表全國人民之心悅誠服的擁護人民政府。這個意義是非常重大的。故本席附帶的報告一下。

附錄九月廿五日人民日報「記人民政協第四天大會」文中關於我的一段：

張難先代表在會上發表了熱情洋溢簡短有力的演說。張老今年已有七十六歲的高齡。飽經滄桑、閱歷豐富。他那個組裏有幾位七八十歲的老人，數十年來始終不願參加什麼政治性的會議。但是這次「召開的人民政治協商會議，大家都歡欣鼓舞。不辭衰老，毅然參加」了。全場熱烈鼓掌。慶賀這些久歷世變的老人，也可說是慶賀人民政治協會議的本身。這些老人選擇了幾十年，現在眞正選對了。張代表說「就這幾位老先生之參加看來，眞可以代表全國人民心悅誠服的擁護人民政府」。大團結給人們增加了大信心。即對成立的人民中央政府，會保證這些老年人在民主、自由、愉快的空氣中度過他們的晚年。

(4) 國都及中央政府所在地的意見

九月廿四日

定都北平，並改名北京。我是十二萬分贊成。惟國都定於北平，而中央人民政府應設在那裏，則尚無人提及。吾以為我們的中央人民政府應該遷往故宮，絕對不住家眷。（中南海做主席、秘書長、總理、總司令官邸極好。至京內外可以作院、部長官邸者，所在多有。）將那些院、部都搬到裏面、合署辦公。這是我的堅決主張。自民元以來，屢次的總統府都是設於中南海，以為避專制帝王之嫌。殊不知中南海尤為前清皇帝荒淫享樂之地，唐皇壯麗之正殿要避嫌，而荒淫享樂之離宮不要避嫌。我真百思不得其故。若嚴格繩之，故宮不可住，則中南海、北京城也就一磚一瓦都用不得了。必須在四郊另擇寬敞地建築新府。（現在財政困難、經費何出。）這才算充類至盡。若以為故宮不可居，中南海可居，同為清帝故址，則牛羊何擇。且中南海自民初建府以來，歷任總統無一個不是倒霉的。故宮在明、清兩代都是享國數百年。尤其今日世界大通，外交頻繁，接待典禮不行於莊嚴壯麗之正殿，而行於盤樂怠傲之別館。恐外人亦莫名其妙也。且故宮之雄偉，實出自明成祖之大手筆。滿清復修飾數百年，費無數金錢，始獲此大觀。今棄而不用，是猶鄉下人居室之楹舍中堂不用，而在偏房設祖堂、宴賓客。吾真不解其何謂也。（進去中南海像繞胡同。實在不够莊嚴大方。）昔中山先生開府廣州，屢欲建一大厦，以合署辦公，俱以經費無着而止。今若遷居故宮，聚各院部合署辦公，實無慮其不敷分配。故宮昔日只供一人之姬妾、僕侍享樂的使用，是故宮為享樂荒淫之皇帝所污辱，並非宮殿本身為齷齪物也。今若將政府及各院部移居故宮。誠心誠意晨夕為人民服務。是故宮為歷代帝王污辱數百年者。今乃得一個大翻身、大解放，這才算名實相符。故宮在袁世凱、馮國璋等就要避嫌。我們人民政府不要避嫌。因袁、馮等到故宮是為驕奢淫佚去的。我們人民政府不是住家眷享樂。專是政府及各部院數千職員合署辦公，為人民服務的。與那洪憲到太和殿去做皇帝。那就不僅是霄壤之別。這個里程的數字、恐怕為算喻所不及了。語云。「避嫌太深者。即誠有所不足也。」我們誠心誠意為人民服務。又要避個啥子嫌呢？所以我堅決主張遷居故宮。(此事因多數不同意而止)

(5) 一九四九年除夕感賦

天地不仁萬物衰。此身芻狗費疑猜。亂國邦空韶華負。盛世偏從老大來。以貌取人失子羽。(年逾七十精神當然不好乃人民見吾氣宇光昌畀以重責時虞覆餗惶恐不安。)無功受祿愧之推。(舊時量而不後入進之義今已推翻人民公意無法推辭進既無力退又不可衾影自慚)人民要我我何說。風燭拚燒付刼灰。

(6) 答林宰平先生書

一九五〇年一月廿九日載大剛報（北遊感想）

僕此次住京數月，有極重要的一個觀察。我是一生服膺孔子的一個人。早年胡適之、陳獨秀大打孔家店，我只付諸一笑。（淺鄙之極）此次則令我陣容動盪矣。（不打自倒）大凡一種學說，總要與社會人類發生關係。孔家晰理之精，治生之嚴。吾無閒然矣。（可謂苦極我一生嘗得太多）然與社會人類關係，至今不覺捉襟見肘。孔門弟子，號稱三千，高躅首稱四哲十配。顏淵諸賢，或早死、及無所表見，吾不得而言矣。卓卓在政治舞臺者、惟季路、冉求。孔子惡季氏，猶吾輩之惡軍閥。彼二人者臣事之，且為聚斂，主張伐顓臾，反對正衛名。幾至將老師氣死。此尤其佼佼者竟如此齷齪。其不肖者又何說焉。是孔子設教三千看不出教好了多少人。乃中共統兵數百萬，其紀律之好，幾為全國人所歌頌。（眞是庸德之行、庸言之謹、無所不足、翻盡廿二史也無前例）吾並親見其工友數事，雖古之大聖賢亦不過如此。由是平定一國，且將施及全世界，是何成效之雄且傑也。（眞是天下國家可均也、爵祿可辭也（他們無所謂爵祿）、白刃可蹈也、中庸可能也）反觀儒家自孔子至宋。日見式微。社會輕之，高明笑之。只令君侯王假之以行其殘暴之藉口。是何令人悚懼若此也。吾於今乃恍然大悟。儒家晰理之精，共產黨不講甚麼性命天道只是庸德庸言治身之嚴，至今仍為大法。如解放軍之過境秋毫無犯。卽臨財無苟得之義卽善人教民七年可以卽戎之意也。臨陣浴血不顧。卽臨難無苟免之義卽自反而不縮，雖千萬人吾往之意也。吾以為如此等等。悉為儒家傳統精義。其所以成效懸殊者，實方法不同所致也。共產黨之方法。一在學習。一在檢討。批評渠等之學習。上自黨魁、首長下至黨員工友。自朝至暮。無人能放鬆一絲。渠等之檢討。批評聚一團體、一機關之全體人員。雖下級人員、甚至工友、伙伕。亦可批評上級。我們的大師、關老爺、那是毛都摩不得的如經大衆認為批評真確，雖長官亦應議處而實施之。所以渠黨員、軍隊都好者。不必人人皆聖賢。方法之妙用、就在自己不費力、全靠大衆夾持而自成好人、卽是彼我皆先生、彼我皆學生也、正如蓬生麻中，不扶自直。人人真有十目所視，十手所指，曾子是假設的不能不吾日三省也。硬是眞實不虛學習勤、則不腐化。批評嚴、則難為惡。此共產黨之所以成功也。共產黨之優點，儒家本亦有之。只技術不精，不能發揚光大耳。共產黨之學習論語開首就曰學而時習之。又曰學而不厭。共產黨主批評。原壤老人，孔子批評之至以杖叩脛。子夏喪子。曾子歷數其罪。是何批評之嚴且厲也。然何以成效不及共產黨。吾則曰、孔子之道，只施於少數特殊之人。共產黨則廣及羣衆。所以吾謂儒家言理。在現在旣有檢討之必要。當然有好多精義、至不合時宜者、也實在要擺吊。至於技術，則實在遜人遠矣。孔子惡鄉原。確是儒家精采。賴有惡鄉原三字、不然、則體無完膚然言忠告而善道之之後。繼曰不可則止。無自辱焉。己導人入鄉原一路。共產黨之檢討、則絲毫不鬆氣、此儒共之辨也。儒家流弊所極、必至互相標榜、狼狽爲奸。所以中國數千年眞好人是出不得頭的。只有壞人、鄉原兩種、在社會上鬼混。這件事千言萬語也說不盡。統希異日面談。

此函距今三年矣。此三年中。我又涉獵了些馬列經典著作。始知所說儒家晰理之精、治身之嚴。與及學習、批評諸端。都是唯心一路。與共產黨唯物史觀是不能相容的。特此說明。

一九五二年十月義癡記

(7) 中南軍政委員會成立講話

二月五日載長江日報

今天是我們這個中南軍政委員會成立的典禮。我們這個典禮不是一個尋常的典禮，我們這個中南軍政委員會的成立，有着劃時代的意義。他是一個革命的、嶄新的。政治機關。他是絕對不容夾一點腐朽陳舊的東西於其中的。非是我們不念舊。而是我們吃那舊東西的虧太大了。我們受了累，不能不換一套新東西來改造這個國家。

所以我們要下定決心，做新時代的事，做新時代的人。長溫舊夢，是不中用的。是誤自己、誤國家的。我們要把舊日那些包袱一齊放下。再不回頭看他。在中央領導之下，拿最大的決心和勇氣、把中南區搞好。要像我們軍隊那樣在最短期間解放中南。我們也要盡一切可能。在最短期間。把中南區建設工作，向前大大推進一步。本會從今天成立起，就應該負起這使命。中央已規定了新民主主義的各項政策。絲毫不會錯。只要我們照着做。對於國家有很大的好處。這是擺在本會同仁、及以六省兩市人民面前的一條很清楚的道路。希望大家不要猶豫，堅決勇敢的前進。我相信中南區在最短時間會全部改觀。前途是大放光明的。

(8) 春聯

二月十四日卽舊曆臘月廿七日（等於標語）

咬緊牙關苦兩年那就好了

睜開眼睛看遠處這才對呢

⑼在中央人民政府委員會提案三件

四月十日

第一案

以本席自辛亥以來的經驗。每次都是得到勝利後，就將革命精神逐漸消失，致遭到不良的後果。我看醫療這病的方案，還是以學習、檢討這兩個傳統的辦法、為對症之藥。擬請政府將這兩個作風，嚴切規定，普遍到全國每一個機構，以防腐化，而圖發展。是否可行。敬請公決。

第二案

本席出京數月。時見民有饑色，野有餓莩，實心痛之。欲謀補救，自以整頓農業為的當方針。然水利不修，一旦洪水泛濫，雖遇神農。亦英雄無用武之地。江淮河漢等大工程，政府自有盡籌。本席所欲言者，則在全國各省縣民間之廣泛水利。此種工程。經費、民伕。舊例皆就地徵籌，無須政府撥款。政府只居督導地位。舊日政府多不注意。其實佔地極廣，關係極大。一加整頓。收效至宏。本席以為革除舊弊。卽在爭取時間。擬請政府令主管部、於每年初秋、卽將各省民修之水利。如山地則開塘、開渠。澤地則修堤、疏溝、掘井、建閘等計畫作好。令省酌辦。省府奉令後。則照中央指示，斟酌地方情形，定一方案。於中秋令縣酌辦。縣府奉令後。卽照省府指示。招集當地農民會議。斟酌地方情形。定一方案。嚴令各區於初冬開工。春初完成。此種時間，必須嚴守。因冬季農隙水涸。有工有土。加之土功完竣。必須經三春之細雨澆淋，土始團結，方能抗夏天之暴雨、洪水。工程由縣府驗收。呈報上級。層級認眞考核獎懲。此事政府既不需款，又非擾民。費力無多，利民甚普。政府自應為之。往日政府、悉呈麻痺狀態。民食要政。平時漠不關心。一觸春泛。始略注意。蹉跎復蹉跎。令到民間。大抵在仲春、季春之季際。其時春耕已忙，桃泛復至。無土無工，徒喚奈何。此政府宜懲前毖後者也。本案之重要性，一在治理廣汎之水利，一在爭取寶貴之時間。是否可行。敬請公決。

第三案

防止貪污本是一個消極的工作，巨人個們多不屑道的。不過一個國家若是貪污成羣，那還成個甚麼樣子呢？會計制度本是防止貪污的妙法。却是認清職責，不顧自己的利害，與首長、同事為難的，真是鳳毛麟角。舊政府時代，何嘗不是每個機關都建立了會計制度。其結果、這些會計强半都是本其所學。幫首長、同事作弊。使你查都查不出的。這個緣故，就是會計只有那幾個人，首長用一點手腕，或施一點小惠。就不難把他軟化，而入於其彀了。所以這個方法到於今都算走到了窮途。我們本諸窮則變的規律，此事仍是以抓住羣衆為好。我的意見是這樣的：本機關全體職員組織一個預決算委員會。首長、會計在其內。除首長外、推舉若干人為主席團輪流主席。並負召集的責任。年、月的報銷。由會計將賬辦好。報請審查委員會召集開會審查。委員會首長及每個委員不得缺席。由會計報告賬目。委員一筆筆審核。有含糊的地方，經委員提出質問。由首長或會計、或某部門負責人據實答覆。如大家認為確實浮濫或浪費，當時就不客氣的剔除那一筆。如首長與會計恃勢橫行，審委會就不客氣的披露真相，向上級檢舉那某一個負責人未有這些情形。全體委員都認為實在。就由首長辦報銷。審委會附署共負共同的責任。一個機關的事件，只有本機關的職員清楚。甚麼監察、檢察只要他細點心的玩幾個花樣，你就死也查不出來了。全機關職員多手腕也難個個耍到。小惠也難個個施到。真可以補監察、檢察、財政機關的不足。我每次任事。都是使用這個方法。真是減少我好多罪過。玆本私人經歷供獻政府。是否可行。敬請公決。

一九五二年十一月三日難先記

這三個案送去後、我查中央人民政府組織法無有提案的條文、我覺得不好、卽函林伯渠秘書長告其緣因、請將三案撤回交我得覆照辦、開會時有人看見印本俱係重要事件、當卽發給各委員參考。

⑽ 覆梁君漱溟索評渠書箋

一九五一年二月十五日

漱溟老友著席：上月廿九日及本月五日兩手書均奉讀。僕於君歷來的著作，都極佩脩辭之美、陳義之高，此其所長。然按諸實際，總尋不出着落。只是恍惚中有象，像一個悶葫蘆。此其所短。所以早年賜觀之「中西文化及其哲學」稿許久不敢下一詞。「中國文化要義」亦然。所舉舊社會特徵多起，非不娓娓動聽，却只是舊社會特徵耳。君是寫歷史、我以為是極好材料。却是君絕不承認是寫歷史，而是一部政書。那就矛盾了。君總愛談文化。我以為如談文化。中國五千年就是一部宗法文化史。隨你鑽到那一方面，都是這個路子。我還大膽說。中國幾千年只有宗法制度、而無政治。其有類似政書者。俱宗法制度之外衣耳。現在著書。若必食舊德之毛，則必須衡量宗法能否存在。宗法能存在、則舊義自爾用得着。著論發揮，當然有益。宗法如不能存在。則本實先撥。枝葉又那能繁榮呢？君著述之勤。我實敬佩。然倉頡既已造字。又何必厭蟲文之難習，而戀戀於結繩之簡便。鍥而不捨耶？若念先哲之締造不易。士大夫、士君子的生活、本來令人難舍、則宗法制度、已跑紅四五千年。亦可為政治制度之最長生命。先哲地下有靈，亦應知足矣。我傷風臥病一週。知君索覆急。因强病為之得不疑為譫語乎？敬頌著安兼賀春祺。

按、先是漱溟向政府當局說他有最緊要的一些意見欲著一書、苦無幽靜地方、當許以移居頤和園、喬遷後、卽以其近著「中國文化要義」寄來、囑我批評、幷謂將根據此書發揮、吾劉覽一過、全是宗法社會理論、幷充滿士大夫士君子的氣質、因爲上書以提醒之、不料渠怒甚、將吾原書退回、我極感不快、立意與渠絕交、十月進京開會、渠來謁、託謝詞之次日渠來書辯護、當覆絕之、時十月十九日也。

書詞如下：

(11) 與梁漱溟絕交書

一九五一年十月十九日

我們都是六七十歲的人了。來日苦短，那能還像小孩子鬥脾氣呢？不過我二月十五日的信。你逕直退回，我實在不高興。以後卽再不通信了。我一生對於語言文字、素不注意，脩辭不檢，惹你不快，或者有的。你如指摘謬點見敎。我是要接受的。原函打回，那我就對不起了。同時庸伯來信。甚贊他的大學、中庸。要我向他這個有道的就正。並說在漢口會見後，我有一點進步。拿衛武公九十好書學來鼓勵我。哈哈！我對大學、中庸。三十年前。我卽認定是封建帝王之書。曾與蕭隱公辯論至激烈。隱公無以難也。庸伯現在要我搞這個把戲。並像要收我做個老小學生。哈哈！跟他學大學、中庸、日夜不離三十年的那位馬先生、我是領過教了的。我是七十八歲的人了。從他學三十年。就要活一百零八歲。我固然無此陽壽。就是天假之年學一世紀。（舊說卅年為一世）結果學得像我們首座馬先生了。豈不見到天大一個鬼麼。我想我鬼混了一生。共產黨不與我們算舊賬，並客客氣氣。我們還大鑼大鼓，自樹旗幟。而成人的絆脚石麼？我因是惶恐萬狀。以我與你及庸伯上述兩事、函告任潮、宰平兩兄。以明我們再無見面之必要了。見面談舊的、已是捉襟見肘。談新的、我們都是外行。（就你十月五日光明日報大著而言、冒失、）我以就木之年。尚復何望。願勉旃。無多談。

按庸伯牲伍番禺人、從嘉應蕭隱公受學庸、數十年不倦、與我及漱溟都是三十年至交、後并與漱溟為聯襟姻親、惟篤舊太深、交情破裂、亦遺恨也。

⑿ 契園主人劉壬甫約賞菊索題

一九五一年十月

夏曦輝去又秋霜。長把自然作戰場。世態炎涼都不管。東籬自有好花黃。

⒀ 爲機關部隊企業事致周恩來總理

一九五一年十二月十二日

我現在才知道有個機關部隊的企業事件。並且很普遍。這個事件的起因，當然是有其不得已與必需。惟這是可暫不可久、可緊不可鬆的事情。在使用這種辦法時，非抓得緊緊的，使他減少毛病。其流弊真是不可思議的。更須要到相當時間，下最大的決心。禁止這個辦法才好。這是我私人的意見。特供您參考。

此信到中央周總理極爲感動、當下令禁止凡全國之此種企業、一概收歸政府經營、可謂從諫如流也。

一九五二年十一月十八日義癡記

⒁ 一九五三年元旦試筆題桌上仙人球

綠油油而不畏霜。圓糾糾而又有芒。不枝不蔓。亦柔亦剛。這是個古怪品質。日伴我於几席之旁。

⒂ 輓老友李錫九聯

一九五二年三月十五日

錫九河北人、長我一歲、思想極新、民國十六年與我同爲監察院委員、解放後、中央人民政府成立、復同爲政府委員、竟於本年三月十日病故首都、余在漢聞耗、即聯以輓之。

學說早知辨。憶昔年同席粵垣。議事常援列寧語。
交情老更親。痛此日聞耗漢市。碎琴直映伯牙臺。

⒃ 報告一件大喜事

一九五二年三月十八日載長江日報
爲決定了、荊江分洪案而作

現在我們中南區湖南、湖北兩省有一件大喜事、是值得向兩省同胞報告、並要向你們道賀的。是一件甚麼事呢?我們兩省不是有一個夏秋之間長江水患的大威脅嗎?這個威脅就是長江江水由四川經三峽出來、因地勢高低懸殊、突有數丈高的水頭直衝中游。如遇大雨、水位過高、水勢過猛、那時湖北省江陵、監利一帶、和湖南省華容、南縣一帶的各堤、就有立刻潰決的危險。如果南邊堤潰、那洞庭湖新淤各縣、已成為現在糧倉的稻田、轉瞬就變為汪洋大海。北邊堤潰、那更是一洩千里、而釀成莫大的巨災。解放以來、中南軍政委員會、湖南、湖北兩省人民政府、和所屬各水利機關、無日不在憂慮此事。計畫此事。却因事體太大、雖絞盡腦汁、也總想不出一個很有把握的辦法。因為中南區的財力有限、也不便突向中央要許許多多的錢。這件事又非巨款莫舉。解放以來、各級水利機關、雖說盡了大力、組織領導人民、緊張進行了脩堤、防汛、搶險等工作。但是我們回想起來、真是不寒而慄、實在是危險萬狀。尤其是去年的僥倖、可算達到極點。去年防汛過後、長江水利委員會的同志們揮了一把冷汗、慄慄危懼、苦神焦思、總想籌出一個辦法。於是搞了半年、草擬了一個荊江分洪的計畫、經中南軍政委員會通過、轉呈中央人民政府核准實施。這個計畫報告以後、中央各有關機關都非常重視。周總理並親自主持、召集了各有關單位進行了細緻的、詳盡的討論。認為這一工程計畫、是正確的、重要的、迫切的、乃批准這一計畫。隨後又派中央水利部李葆華副部長、蘇聯專家布可夫顧問等來中南軍政委員會。李副部長傳達了中央的意旨，不惜人力物力完成荊江大隄加固，和荊江分洪工程，保證今年決不潰堤。中南軍政委員會召集湖南、湖北兩省人民政府主席、及與水利有關各單位進行商討。大家認為中央如此關切我們全區特別是湘、鄂兩省當盡最大努力，動員人力、物力、完成這個任務。現在業已分途進行去了。這真是我們全區、特別是湘鄂兩省人民的一件大喜事。

人民解放軍也已派出部隊來幫助我們脩堤。在人力上給了我們重大的幫助。中央也動員全國的力量來幫助我們。我們湘、鄂兩省的人民、你們看是不是一件大喜事呢？

我希望我們全區、特別是湘、鄂兩省人民體會中央人民政府及各級人民政府的這種盛意，盡最大努力協同解放軍和民工同志做好荊江分洪的工程、以消滅荊江大堤的南北兩岸的水患。並祝你們一定成功。

⒄ 報告一件大奇事

一九五二年六月廿一日載長江日報
為荆江分洪任務提前完成而作

關於荆江分洪工程，我在三月十八日、報告了一件大喜事。今日我又要報告一件大奇事了。這個工程之偉大，時間之促迫，需工之衆多，採料之艱難，江水之泛漲，條件之缺乏。雖說經中央人民政府政務院及中南軍政委員會之決定開工。雖說大家都對這個偉大工程的動工，表示莫大的歡快。然而也許有人會想、這大的工程、三個月怎麼能完成呢？惟大家都有這個信心。經共產黨研究過了決定的事是無有做不到的。新中國的每一項建設。都是為了人民。都是人民自己的事。因此人民就能積極響應國務院及共產黨的號召拼命去幹。人民就能創造出奇蹟。果然。自四月開工以來，關於荆江分洪工程進行的狀況。一切一切的奇蹟，經常在報紙上披露。竟無日不有記載。並說全部工程、還可提前完成。哈哈！這硬像是個神話了。

恰巧上月下旬，中南軍政委員會組織一個荆江分洪工程慰問團，派我參加。我心中暗喜。覺得這次可要親眼看看，到底是一些甚麼板眼。為何這大工程竟能提前完成？

我們五月廿九日就到了沙市。經總指揮部的唐總指揮、袁副總政委把一切工程情況告訴我們後，我們次日起、卽往北閘、南閘、荆江加固大堤三個指揮部工地去看、慰問和參觀。我們每到一個工地，只見那幾萬到十多萬的工人、軍工、民工、無一個不是喜笑顏開，精神百倍，挑得勁駝了。及我與他們握手時。他們無一個不是極負責任的說。「張副主席、我們保證一定提前完成。」並且有的任務完成了。要他們回去的時候。他們說。某部還未完成，我們盡義務去幫他們做。這種踴躍赴公的精神。真使我感覺到共產黨之偉大。兩年多的工夫。就把羣衆敎育得這個好法了。尤其是部隊同志之帶頭作用，更令我感佩。他們是首長、士兵、一致努力。他們所擔負的圍堤工程。土方四百餘萬。已完成百分之八十五點八。黃天湖一段隄工，最為艱苦。隄基淤泥深達兩公尺半。施工時。挖泥填土。均格外努力。部隊在霖雨污泥中與水土搏鬬、克服困難，完成任務。由此、我們認識了解放軍的優良傳統。那二十多萬民工。真是受他們感動、鼓勵不少。工人、軍工、民工、無論日裏、夜裏、風裏、雨裏、都是不辭勞苦，毫無怨言。夜間工地。到處是電燈。比漢口還要熱鬧。夜班的工作者、是人山人海。這種如火如荼的勞動氣象。真是令人感激和敬佩。尤其是移民政策、是做得那麼妥帖。使人毫無徙家之苦。

最不容易的是沙市隄街上有一千餘戶、需要搬家。這是一個極困難的事。經過耐心教育使住戶大家了解搬家的意義以後，搬家羣衆毫無難色。這是如何細緻的工夫。

可惜我不通科學，對於世界少有的北閘、南閘。不能過細研究。只令我驚其偉大，吐舌冊然。再則總指揮部及三個指揮部的負責同志、對於這一次工程中所擔負的任務，真是艱鉅極了。突然召集幾十萬人在一起住的、吃的、工作的器具、及分配、都要瞬息立辦。照我這個笨人去想。真是「糊了湯」。却是他們條分縷析，按計畫的一件件妥帖完成。我到工棚去看的時候，都是乾乾淨淨。吃的米和菜蔬。都是很好。夜間電燈都亮通通的。工作器具都是整整齊齊。工作分配都是有條不紊。真使我佩服他們的組織才能與努力的精神。尤其是在這熱天裏聚集三十萬人在一起勞動。疾病是很可慮的。却是我們在各處訪問。疾病却是很少。這足見廣大幹部。對於工人、軍工、民工生活的照顧和關切是無微不至的。所以我感覺這次工程的勝利完成。和各幹部做到「關心羣衆生活、注意工作方法」這兩句話是分不開的。

我們自有這一次的工程考驗。我們是更有建設祖國的信心了。除治淮外、那裏還有這個工程大。而這大工程，竟於七、八十天提前勝利完成。由此類推。我們還有甚麼事做不到呢？我今天把這事當作一件大奇事報告。想以後接連有這樣大的建設出現，那時人們就都會把這類的事、當平常的事看了。而這正表現了我們祖國的偉大。我們人民的偉大。

獲得偉大的勝利，不是偶然的。這是由於共產黨和領導全國人民三十多年的奮鬪得來的。這是由於人民的政治覺悟、一天一天提高了得來的人民的政治覺悟提高。是由土地改革、鎮壓反革命、抗美援朝、「三反」、「五反」幾次大運動的教育得來的。我們有了共產黨的領導。有了這樣的勤勞勇敢的人民。我們就會永遠勝利。現在荊江分洪工程的提前勝利完工，為兩湖一千多萬的人民造了福。同時由於這次工程的考驗。我們對建設我們偉大的祖國。對我們偉大祖國遠大的美好的前程、便更有信心、更有把握。

⒅ 覆林宰平先生書

一九五二年六月十一日

奉上月廿二日手敎，歌頌「三反」為史無前例。却是人民政府一舉一動、無一不是史無前例的。因為吾國幾千年的史、都是一部宗法史、而少政治性的局面。現在是純政治的。故以時政而求合廿四史、那是翻遍而找不出來的。若是牽强附會，只有令人捧腹。我是上月廿七日出門慰勞荊江分洪工作者才回的。我在那裏一看，真是史無前例。並且是古今中外無前例的。這個工程、有幾百里路的荊江大堤。兩個大閘。一個閘有五十四孔、兩里多路寬。一個三十二孔、一里多路寬。動員部隊十萬人。民衆二十萬人。共三十萬人。限期三個月完成。我們去看的時候，還未到三個月就概可完成了。其羣衆日裏、夜裏、風裏、雨裏、不辭勞苦，毫無怨言。這在廿四史上、那裏尋得出來呢？聽說世界最大的閘只有八百公尺寬。我們的北閘、就有一千多公尺寬。還有南閘卅二孔不在其內。世界最大工程。總得幾年才可完成。我們比他工程大。未到三月就完成了。所以我說是古今中外無有的。中國無有，是中國向來未有政治。外國無有，是外國向來是統治政治、而非人民政治。中國無政治，我就想到吾國二千幾百年念書的人就要負責了。中國無政治。在孔孟實在感覺到了。孔子論管仲。時而鄙棄為「器小」、「不儉」、「不知禮」。時而擡舉為「微管仲吾其被髮左衽」。孟子論「瞽叟殺人」一面主張「執之而已」。又一面主張「竊負而逃」。一個人也。時而把他「墜諸淵」。時而把他「加諸膝」。一件事也。一面主張致諸法。一面又主張竊而逃。兩個極端矛盾的事。孔孟同時言之。我們的孔二爺、孟大爺不是發了瘋麼？我於今才曉得他二人不是發瘋，而是宗法與政治的思想矛盾觸動起來了。他們兩人、在當時既有了這個矛盾的動機。我們兩千多年拿書本的人、何以總是糾着一個宗法理論、像鑽牛角尖的去裏、而鄙視政治呢？現在人都咒祝孔孟。我今實歸咎於兩千多年自命為孔孟信徒的人。以孔孟已發其端，而兩千多年的儒家者流，竟至死不悟，把一個民族桎梏得像一羣羔羊仁柔酣嬉，任人宰割。這筆賬你看要寫在那個名下？宗法只可施於家庭。（現在卻有好多條件決不是往日那一套）施於有政。那就矛盾起來了。自堯典「九族既睦、平章百姓」起、經幾千年到滿清、還是以孝治天下。所以光緒要變政，而慈禧出來垂簾，那就萬事消散了。現在共產黨是為國、為人民的政治。父母貪污。子女亦可檢舉哥哥反動。弟弟當成敵人。這些事例。在道統先生們看了，豈不是怒髮沖冠，而歎神州要陸沉麼！又何以自解放以來人民日見興奮。國格日見崇高。幾復見「微管仲吾其被髮左衽」之局。即以荊江分洪工程論。動員三十萬人。若在宗法社會中，人顧家私，恐三百年也集不齊三十萬人。只因政治覺悟，從抗日、土改、鎮反、援朝、八反種種大運動提高、而踩下了宗法觀念。只知有國、有人民。所以振臂一呼。而三十萬羣衆集矣。我未到荊江之先。有一民工勇於赴公。竟因船覆淹斃。領導者開會追悼，其妻上臺答謝說。「吾夫為人民服務而死，是光榮的。吾亦無所用其悲慟。我仍要繼他之志，上堤挑土，以完成他的任務。」這種情況。真是把往日那種有私無公。有家無國。有倫理而無政治的局面，完全改變，以達到窮鄉婦孺了。此之謂以政治救國、救國。那些肉麻的道統先生、可以息喙矣。因慰勞歸有感。不覺砣砣不休。倦甚。再不能寫了。並請轉叔通、任潮兩公一閱為荷。

⒆ 在中央人民政府第十六次會議報告中南工作情況

一九五二年八月八日

主席、各位副主席、各位委員、各位同志。我們中南這上半年的工作，真是把全副力量，放在這「三反」「五反」和荊江分洪這兩件事上了的。其餘的要政，也都在百忙之中。分些須的人力來照顧他。我今天謹將三反、五反及荊江分洪、和其他工作報告一個概況。

三反工作、中南有兩種情況。一種是從共產黨本身上做示範工作。一種是自上而下做推動工作。我們三反工作展開時，就檢擧了公安部長卜盛光、副部長錢亦民、工業部副部長王盛榮等貪污浪費罪行。檢擧了武漢市市長吳德峰、副市長易吉光、民政部副部長周季方等官僚主義罪行。當呈請中央免職的免職，逮捕的逮捕，這些人、都是幾十年的老黨員。功績很大，却是一入都市，就不免為生活所誘惑。一入政界，就不免為地位所默化。「有這一次擧動，於是轟動了六省兩市。無人不歌頌共產黨之大公無私。這三反的工作就順利的展開了。另一個情況，就是自上而下。三反工作展開時。就逮捕了本會委員賀衡夫、政務處長孔治國、科長李宗良、參事陳英武、及直屬機關」如上所述部長、市長、副部長、副市長多人。撤職的撤職，逮捕的逮捕，這麼一來。工作就轟轟烈烈的推動了。這是三反的情況。

至於五反、首先是覺得無處下手。因為社會之複雜、事件之瑣屑。你怎麼好到人家裏去傾箱倒篋去檢查呢？就以賀衡夫論吧。他一篇自我檢討的文件在報上一登，那把些鷄毛蒜皮的事將自己罵得狗血淋頭。向政府認罪認款。次日本會開行政會議，我們的鄧子恢代主席大為嘉獎他說，「如人人都像賀委員這樣坦白，我們的事不就好辦了麼？」像這一類的事，真是不一而足，你看怎麼辦呢？那時我們的工會就要有計畫、有步驟的整隊出來了。就發動了廣大的店員、工人。而這五反的工作就轟轟烈烈的起來了。由是神鬼不知的事、都揭發出來了。再以賀衡夫論，他從重慶販烟土來，是將桐油簍做個夾底。先把烟土裝在夾底中了、上面再裝桐油。在香港販嗎啡來。是將嗎啡偽裝為奶粉罐頭運來的。這些證據，都是由店員、工人在他家裏抄出來的。現在擺在五反展覽會、是大家都看見了的。你看這個巧妙的作法，把我這個禁烟委員會的主任、老笨賀、等他害得成了失察的罪行，只好向政府呈請處分了。你看他做得種秘密。政府幹部、是無法搞清楚的。自發動了廣大的店員和工人，那隨他怎麼巧妙這都逃不脫羣衆的眼睛。賀衡夫這個傢伙，真是罪大惡極。我們的鄧子恢代主席憐他年老，想貸以不死。前日藍副檢察長的抗議，我是極端佩服的。法律是有法律的精神的。就是我們舊日的古典文學中、也有「堯曰三宥之、皐陶曰三殺之、」這幾句話。

站在法律崗位上，就是舊日的皇帝、也不能左右他。何況等閒。我們既將賀衡夫的案子送來中央了，當然由中央法辦。我們再無甚麼意見。

我們這次三反、五反的成績是大得無可擬比的。是把幾千年積累下來的汚毒、把他痛洗了一頓。以後甚麼事的困難，都怕要小些。不過我還有兩點意思：

一。這次三反。據我在中南的觀察，是對共產黨員嚴厲些。對非黨員寬大些。這就是對非黨員在政府服務的、下了一個最大的教育。我想非黨員在政府服務的、當有極大感悟、警惕了。不過或者還有些因政府對非黨員寬大而不加警惕的，這實在是值得注意的一件事。舊日政府時代等於一個亂泥坑。我們站在那個亂泥坑的人，無論你如何清潔都是要擦一點亂泥到身上的。我覺得我們非黨員在政府服務的對於「檢查已往、策勵將來」這兩個意義、是值得注意的。

二。我們這次的三反、五反的成績是極大的。惟小小的偏差，恐怕也是不少的。因為這大一個運動。怎能絲絲入扣呢？那小小的偏差，是無法避免的。猶之我們起這一個大殿。（此時在勤政殿開會我就指這殿爲喩）擡的木料是幾丈長一根。擡的石頭是幾萬斤一塊。你那走路的人。就要知道不是平時，小心謹愼，否則就要碰上釘子。但不能因怕有人碰上釘子，就把這殿不修了。所以在這大運動的時期，好多看不清時代而糊塗死的，政府實在顧不得許多。不過總是政府的一個遺恨。可否對這事檢查一下，使是非明白。恐怕是於政府有好處的。

再就是荊江分洪這個報告。自應根據總指揮部完工的總結報告、及中央、和中南驗收的報告作報告。但因時間有限。上兩個報告兩本一天也報告不了我只拿出來給大家看了一下我只能把中南經過的大概談一下：「我們中南軍政委員會三月中旬奉到政務院的命令、卽時就開行政會議，決定辦法、步驟開工。却是那個時候，只有周總理研究了決定的事，是可以做到的，這一條信心。其餘人人都是懷疑的。以為這大一個工程，條件諸多不够，三個月是怎麼能够完成呢？却又看見鄧子恢同志那種鎮靜堅決的態度，大家的疑慮也就消失了。却是到全部完工，唐天際總指揮到會來報告的時候，他就笑起來說「我接到政務院命令的時候，我七日七夜未睡着覺。長江水利委員會林一山主任總是要我把三百個幹部給他，但是三百個幹部中甚麼用。我想動員部隊、去同軍部的譚政政委商量，他極其同意。並建議將整個組織推下去。於是我們任政委唐天際為荊江分洪的總指揮。田維揚軍長為副總指揮。卽日率領十餘萬部隊如行軍一樣的出發。再由中南局指示各級黨部發動羣衆。於是四月五日就全部開了工。我就高枕無憂了。」他這一段話。實在是此事成功的因素。本來這次的民工是二十多萬人。數量很大。假若未有部隊帶頭，其成績是不可想像的。我慰問工地部隊的時候，他們正在做那虎渡河的河壩、及黃天湖的堤。這兩個工程之艱鉅、真是駭人。河湖都有三公尺和四公尺深的淤泥。必須把那淤泥挖盡，才能再挑新土。淤泥的數量，是五萬多方之多。天氣又時常下雨。這個工程，都是部隊擔任。有一部幾至百分之九十三受了傷。他們提出「輕傷不下火線」的口號。我慰問他們的時候，他有一位部隊同志挑的一擔淤泥，很吃力，就歇下來了。我向他握手。他把手往背後一躲。因他滿手都是泥巴。由是工農兄弟們都感動。風裏、雨裏、日裏、夜裏、都是不辭勞苦。有好多民工他的任務完成了。叫他們回去。他們說：「還有某部未完成。我們盡義務的幫他們去挑。」尤其是黃山頭在輕便鐵路上推土車的十七歲的女士譚文翠、為爭取時間、三日三夜未睡覺。推着一輛重車下坡，暈倒地上。不幸為後來的車壓斷了左腕。但她仍然鼓勵大家說。「趕快前進。搶運任務要緊。」這種可歌可泣的事件。實在是部隊所種下的教育、孕育出來的。所以當時有一句流行語說：「那裏有解放軍、就那裏勝利。」這是我舉的一個例。

其餘各部門的工作都是積極到萬分所以這大的工程，不到三個月就全部完成了。這種奇蹟不僅中國歷史所未有就是前日出席「亞洲及太平洋區域和平會議」各國代表、亦嘆為異事這實在是在中央政府英明領導下、土地改革、鎮壓反革命、抗美援朝、三反、五反一系列大運動、把這人民的政治水平提高得來的由這一次的考驗，我們覺得以後各種建設，都是有可能的。而增加了我們的信心。

其餘如土地改革截至目前為止我們六省、兩市已有一億一千八百七十五萬農業人口地區完成了土改。農村面貌，是為之一新。

再生產救災情況。本區水、旱、風、蟲、冰雹各災都有部分的發現過。並已派民政部李副部長明灝赴廣西水災區詳細了解、進行搶救。江西邵式平主席、湖北劉子厚副主席都親赴災區搶救。由於各省市當局都能重視此事。所以災情尚不甚大。

其餘各部門工作情況。大致尚好。他們隨時都有詳細的書面報告。我因時間的關係。亦不多說了。

附錄

三 感念張公難先對我的殊遇

李飛鵬

吾鄂三老之一的張公難先（其他二老為嚴重、石瑛），不但是我初服公務時的第一位長官，也是在我所經歷的各首長中，對我特加優遇及關愛的唯一首長。我與公素乏淵源，僅常於報章傳說中，知其早年刻苦自勵，獻身革命事業。從政後廉潔奉公，剛正不阿與不畏權勢，為國人所稱頌的特立獨行，因而慕藺有心，却恨瞻韓無門。洎民國十八年（一九二九）國民政府任命公為考試院銓敍部部長，我於偶然的機會，得入銓敍部服務（詳見拙著《浮沉院部廿年》一文中〈初入銓敍部的際遇〉），始遂瞻韓之願。從此隨公工作，在不到三年期間，經歷中央與地方三機關。自愧才疏學淺，未能為公晝一策，贊一辭，然公並不以庸愚見棄，反予以不次拔擢，加意培植。緬懷德澤，能不令我銘感五內，沒齒不忘！茲將在我三年服務期間，公對我之種種殊遇，縷述如左，以永感念！

我初到銓敍部時，為一雇用之書記。經張泳穆大姐之先容，蒙公接見後，卽於民國十九年（一九三〇）元月奉派為委任五級科員，支薪一百元（依十六年俸表）。並奉諭着編纂我國歷代——自秦漢以迄明清，及英美各國銓敍制度表，以供建制之參考。洎各表編製完成，進呈核閱時，適公奉調主浙。諭令隨同赴任，派為民政廳三級科員，支薪一百六十元（依與十六年俸表同時並行之十八年俸表）派在廳長室工作（因公兼任廳長）。在此期間，除司通常箋札外，並代公接見各方請謁之僚屬與訪客。不知者，多以我為廳長之機要秘書，執禮甚恭，我亦謙和以待。並於接見後，就請見事務之輕重緩急，面陳於公，或列表以報，務令求見者之來意，得以上達，勿使壅蔽。因而內外溝通，上下無間。公以此或認我無忝厥職，乃有特殊之使命。一日下午，公到我辦公室（在廳長辦公室後房有門可通）。面諭有事交辦，囑於散值後稍待。及全廳人員散盡，公將親自繕印之公文一紙，銀元二十枚交我，囑令尅日前往德清縣密查具報。退閱公文，始知德清縣長某，因煙犯案受賄，被縣民告發，因而交我查辦。我以廳內設置有專司查案之視察人員，公竟捨而不派，而面令一從無辦案經驗之委任科員如我者，前往密查。公之重視此案，而屬望於我者，不言而喻。我於惶恐受命之後，即於翌晨喬裝遊客，乘輪到達德清縣城，經三日之密查暗訪，於街談巷議中，盡得其情。旋即遄返杭垣，據實簽報。當奉批令，將該縣長免職，交由杭州地方法院檢察處偵辦。（是否起訴，因在偵察期間，我已離杭，故不得而知。）以儆官邪。是為公到任後，懲治貪污之第一聲。一經傳播，羣僚震肅。而民衆聞訊，亦莫不額手稱慶，咸頌公之洞察善斷，公正嚴明。此係公對我初試以功之一事也。未幾，公又因我之在廳長辦公室服務，不親案牘，對於一般公務，無從歷練，乃命我承乏民政廳第四科第二股主任（委任一級，支薪二百元）。並諄諄勉以應虛心學習，勿負所命。期望之殷，溢於言表。按第四科主辦全省土地測量及土地糾紛事宜。工作極為繁重。我到科以後，在科長悉心指導下，經數月之學習歷練，始得諳悉處理案牘之程序與奧訣。此一工作歷練，使我後此數十年，在處理公務中，而從無隕越者，實又深受公賜所致也。我自受知於公，不到一年，卽從委任五級科員，一躍而升為委任一級之股主任。在隨公蒞浙之人員中，晉升之速，似無出我之右者，無怪一般同事，視為異數，而嘖嘖稱羨不已也。惜我任二股主任不久，卽以第一屆高等考試普通行政人員考試及格資格，由銓敍部以薦任職分發浙江省政府任用。報到後不及三日，卽蒙公提經省府會議通過，派任為孝豐縣縣長。此雖依照法令之規定，然非公之特予垂青，卽時提請省府會議派任，又何能如此之速？至是乃不得不奉命黯然離公而赴縣長之任。至民國廿一年（一九三二）一二八上海事變前一月公卽卸任浙省主席，及兼廳長職務，歸隱林泉。我旋亦解除縣篆，回京小休。是年七月，公東山再起，出任豫、鄂、皖三省剿匪總司令部（以下簡稱總部）黨政委員會委員兼監察處主任。見報後，我卽襆被回鄂，踵謁公於漢口監察處。遂又奉派為上校股長。從此又可常侍公側，親承訓誨，快何如之！按監察處職司官常紀綱，轉移社會風氣，對於豫、鄂、皖三省的各級黨政機關人員，掌有監察、糾擧之權。因此工作重點，首在嚴懲貪污，澄清吏治，肅奸除惡，維持治安。我到差以後，所辦案件，多不出此範疇。其中經我承辦的各案中，有兩案較為突出，影響最大，值得一述：

一、漢口大毒鴞孫忠伏法案：事緣民國廿一年（一九三二）八月某日，《武漢日報》載有「居住漢口法租界某里某號（里名門號已忘）曾任某部師長的孫忠，明目張膽，大做其走私販毒（海洛英嗎啡）勾當，流毒社會，為害甚大，負有發奸摘伏之總部監察處，竟視若無睹」報導一則，經公閱及，乃將報交我查辦。退而尋思，大凡走私販毒之流，莫不與幫派有關。倘不通曉其內幕，而貿然從事，不但於事無補，且有危及生命之虞。今我以昧於幫派內幕之文弱書生，曷能負此危險任務？然以公命難違，何敢有所遲疑。再四考慮之餘，忽然憶起前在我任縣長時，曾任總務科長我的好友馬君，曾是清幫通字輩的老大，為人幹練誠懇，極富正義感，找他面商，對於此案，或許有所突破。遂即訪馬，告以實情，並請其協助偵查。馬躊躇久之，慨然應允說：「看在我倆的關係上，姑且一試。」越日，馬欣然來告：「昨晚按報載地址，往叩孫某寓所之門，諉稱駐馬店某老大的介紹（馬曾在駐馬店于役有年），有事求見。經應門女傭轉達孫忠後，卽命延入內室。時孫正一榻橫陳，吞雲吐霧，見我卽令對臥交談。先以幫中隱語，相互寒暄，繼則談及駐馬店清幫情形，及某老大的生活狀況，藉以試探我之真偽。我均沉着應對，毫無破綻。孫信以為真。最後詢以來意，我謂經某老大的介紹，特來買點貨品回去。乃進而請孫告以貨價及運輸方法。孫當以貨價及負責包運相告。我乃請購樣品少許，以便回到旅舍，與同來之夥伴商定數量，備款洽購。孫遂命女傭取來毒品一小包，並索價十元，我如數付訖，起立告別。臨行，孫強調：『平漢線一帶，我有安全保障，不必顧慮。祇是你隻身遠來，且帶有禁品，務須加意小心為要』等語。孫之狂妄有恃，於此可見。」至是馬歸告我以上述經過情形。並云：「此次因感於張主任之為民除害，與你我多年交情，故不避危險，深入虎穴。今幸不辱命，達成任務。惟孫某黨羽徒衆，遍佈武漢，若察知此案為我所偵破，必將尋仇報復。則我將日處於威脅恐懼之中，寢不安枕，如何可保我安全無虞，請為我一籌。」我當告以「此一顧慮，不無可能，將報請主任定奪，必有妥善之處置。」囑其稍安毋躁。於是將我自忖對此案力難勝任之原因，及轉託馬君代為偵察之經過，並檢同毒品，簽請鑒核後，公卽召見馬君面詢經過，予以慰勉，囑俟後命。同時電令武漢警備司令葉蓬，照會法總領事，派遣巡捕協助下，夤夜將孫寓包圍，一舉將孫捕獲，並在其寓所搜出大量毒品，解交總部軍法處訊辦。孫忠被捕消息傳出後，各方營救函電，如雪片飛來。時總部軍法處長適為以剛正崇法，不畏權勢的銓敘部副部長仇公亦山（鰲）（一二八上海事變後，銓敘部疏遷洛陽，故奉調暫任斯職）認為情節重大，除屏絕所有各方營救函電於不顧外，並親臨審訊。孫以有恃無恐，對其犯行，坦承不諱，且有搜獲之毒品為證，亦不容其狡賴，遂一鞫定讞，判處極刑。經呈奉張副總司令學良（時總司令蔣公同秘書長楊永泰，均在南昌）令准執行。乃於當年八月某日，將孫忠處決於漢口六渡橋畔，（有謂如楊永泰在武漢時必將循各方函電之請求而貸其一死。證以楊之擅權玩法，或非虛語。）以昭烱戒。此一流毒江漢，危害人羣之大毒鴞，竟在偵查、緝捕、審訊各階段，歷時不及兼旬之期間內，伏屍通衢。處斷之速，向所未有。殊非孫忠意料所及。大憝既除，人心稱快。而張、仇二公，剛正嚴明之聲譽，亦遍傳遐邇矣。至於被託偵破此案之馬君，為保障其安全，奉派為總部少尉辦事員，而我亦奉命記功一次。退而思維，公之命我查辦此案，或亦寓有「增益其所不能」而玉我於成之至意。我雖未違公命，但究屬因人成事，公對此不但未加譴責，反予懋賞，使我於感激零涕之餘，又不勝其愧赧者矣。

二、湖北蘄春縣長貪污免職案：此為懲處縣長貪污案，本身情節簡單，無可敘述。惟因此案免職文稿之擅被竄改，因而導致公堅定其去志。則其中之曲折離迷，為晚近官場所罕見，而鮮為人知者，不可不一述之。在未敘述本案經過前，須先說明發生在本案之前而與本案有連續關係之三大要案，以及總部秘書長楊永泰之專擅弄權，然後始能了解公之所以堅定去志之故。所謂三大要案，即湖北省水利局長陳克明貪污瀆職案；漢口市長何葆華違法亂紀案；（聞何在大陸文革期間，被公審處決。）以及當時的交通部長王伯羣之戚，專輪運大批鴉片煙土案。前兩案經派員澈查屬實。後一案由公親率員警登輪檢查，人贓俱獲。如此喧騰人口之三大要案，經報請總部執行時，非留中不發，使其銷聲匿跡（前兩案）。卽徇情暗釋，令其逍遙法外。凡此皆由於總部秘書長楊永泰一手遮天，跋扈專擅之所致。公鑒於三案之執行受阻於楊，隱然有憾於國法之未伸，與正義之不張。在公與楊之間，已形成水火不相容，薰蕕不同器之勢。正在此時，又發現蘄春縣縣長免職處分之文稿，被楊以偷天換日的卑鄙手法，將蓋滿簽章之監察處文稿稿面截留，裁去正文後頁，另於粘貼在原稿面後之新頁中，將原擬免職處分，改為記過。如此不着痕跡，以掩飾其庇護貪污之陰謀，其用心之陰險，與手段之卑劣，卽在《官場現形記》中，亦不多覯。然而作弊者終難掩其醜惡。迨湖北省政府復文到處，我發現所報記過處分，與原擬免職處分不符。經調閱原稿，始知已被竄改。乃携同到文及原稿面公，陳明原委。公閱後不禁勃然大怒。認為楊之枉法徇情，庇護貪污，竟不惜以偷樑換柱之卑劣手法，暗改文稿，以輕易重。此而可忍，則極其所至將無往而不在其陰謀暗算之中。惟以事關內部作業，不便公開譴責，以損總部形象，故隱忍未發，並戒我不得外洩。但公之去志，此時似已決定，祇候適當時期到來，便卽掛冠而去。嗣因楊建議，擬將湖北錢糧附加堤款，提歸中央。公以堤款，關係全省人民之命脈。身為鄂人，何能默爾而息。乃奮起力爭而不得。一時聲色俱厲，面斥楊之卑鄙無恥。楊猝不及防，一時為之氣奪，黯然離去。公在盛怒之下，知不可再留，遂亦憤然出走北平，以示正義與邪惡之不兩立。事聞於總司令蔣公，亟派員疏解慰留，則已無及矣。因此，不知者以為公之決然出走，係導因於附加堤款問題，而不知公之去志，已肇萌於三案橫被阻擾之時，而堅定於蘄春縣長免職處分文稿暗被竄改之後。附加堤款問題，特為導火線耳。此一案中之曲折離迷，自非局外人所盡知，為免湮沒無聞，故特表而出之，以見楊之詭譎奸詐，無所不用其極。而公之顧全大局，能忍人之所不能忍。非至絕望時期，決不輕言離去也。

公去職以後，我頓感失所憑依，正徬徨間，適奉銓敍部馬次長洪煥電召，遂於民國廿二年（一九三三）元月，回部任職（時銓敍部已由洛陽遷回南京）。而楊永泰則於總部撤消後不久，轉任湖北省政府主席。因其本性難改，仍專橫如故，致被狙擊於武漢輪渡碼頭，陳尸江岸，人心為之大快。世之以專擅跋扈自雄者，觀此，可以知所鑒戒矣。

此外尚有一事，雖未有成，亦足徵公之厚愛我者，實無微不至，而為他人所不可企及。事緣民國卅五年五月勝利還都之前，曾謁公於歌樂山寓所（公卽任湖北省政府民政廳長後，卽退隱於此）。公當勉以還都以後，應於民生救濟方面，多加注意。尋謂：「現在各省均紛紛成立救濟機構，此為服務民衆之大好機會。你如有意，我可為你介紹回鄂，任救濟分署署長如何？」我正遲疑回顧間，則公已援筆作書致湖北省政府王主席東原，推介我為湖北省救濟分署署長，我遜謝未遑，只得唯唯而退，將書投郵。越日，復摳衣趨謁，公卽出示王主席復函，略云：「救濟分署長一職，基於環境關係，已委派漢口市商會會長周某擔任矣。」公謂：「我現已不在臺上，早晚時價不同了。」乃一笑而罷。我素知公之耿介，向不為人推介工作，尤其自動的親函推薦，更是難得一見。今以我故，致公見拒於人，在公或基於「孺子可教」

之一念，雖受屈折，而無所介懷。而我在承受此一無情的事實之際，實覺內疚於心，而不能不深自感愧者也。以上所述，皆由公之加賜於我而為明顯易見之事實。至我今之所以稍明立身處世之大道，而不為邪惡所屈以降志辱身者，則又未嘗非隱然為公所秉持之正義與正氣所薰陶感召，有以致之。是公之大有造於我者，又豈祇明顯易見的不次拔擢、栽培而已？蓋公之凜然正義，可使魑魅魍魎無所遁形，而不為所蔽；公之磅礴正氣，浩然獨存，而不可侵犯者，則為貧賤不移，富貴不淫，威武不屈，巍然屹立於天地間，而無能撼搖之。此公之所以為吾鄂三老中之大老也。今距公之逝，已廿有餘年，而公之潛德幽光，仍能照耀人寰，歷久不滅者，蓋其來有自也。至公之獻身革命，與勤勞國事之豐功偉業，與夫流傳民間之瑰意琦行，以不屬本文範圍，容當另文記之，以永追思。

滄海叢刊書目（二）

國學類

先秦諸子繫年	錢　　穆　著
朱子學提綱	錢　　穆　著
莊子纂箋	錢　　穆　著
論語新解	錢　　穆　著
周官之成書及其反映的文化與時代新考	金春峯　著

哲學類

哲學十大問題	鄔昆如　著
哲學淺論	張　　康　譯
哲學智慧的尋求	何秀煌　著
哲學的智慧與歷史的聰明	何秀煌　著
文化、哲學與方法	何秀煌　著
人性記號與文明——語言・邏輯與記號世界	何秀煌　著
邏輯與設基法	劉福增　著
知識・邏輯・科學哲學	林正弘　著
現代藝術哲學	孫　　旗　譯
現代美學及其他	趙天儀　著
中國現代化的哲學省思 ——「傳統」與「現代」理性結合	成中英　著
不以規矩不能成方圓	劉君燦　著
恕道與大同	張起鈞　著
現代存在思想家	項退結　著
中國思想通俗講話	錢　　穆　著
中國哲學史話	吳怡、張起鈞　著
中國百位哲學家	黎建球　著
中國人的路	項退結　著
中國哲學之路	項退結　著
中國人性論	臺大哲學系主編
中國管理哲學	曾仕強　著
孔子學說探微	林義正　著
心學的現代詮釋	姜允明　著

中庸誠的哲學	吳　怡　著
中庸形上思想	高柏園　著
儒學的常與變	蔡仁厚　著
智慧的老子	張起鈞　著
老子的哲學	王邦雄　著
當代西方哲學與方法論	臺大哲學系主編
人性尊嚴的存在背景	項退結編著
理解的命運	殷　鼎　著
馬克斯・謝勒三論	阿弗德・休慈原著、江日新　譯
懷海德哲學	楊士毅　著
洛克悟性哲學	蔡信安　著
伽利略・波柏・科學說明	林正弘　著
儒家與現代中國	韋政通　著
思想的貧困	韋政通　著
近代思想史散論	龔鵬程　著
魏晉清談	唐翼明　著
中國哲學的生命和方法	吳　怡　著
孟學的現代意義	王支洪　著
孟學思想史論（卷一）	黃俊傑　著
莊老通辨	錢　穆　著
墨家哲學	蔡仁厚　著
柏拉圖三論	程石泉　著

宗教類

圓滿生命的實現（布施波羅密）	陳柏達　著
薝蔔林・外集	陳慧劍　著
維摩詰經今譯	陳慧劍譯註
龍樹與中觀哲學	楊惠南　著
公案禪語	吳　怡　著
禪學講話	芝峯法師　譯
禪骨詩心集	巴壺天　著
中國禪宗史	關世謙　著
魏晉南北朝時期的道教	湯一介　著
佛學論著	周中一　著
當代佛教思想展望	楊惠南　著
臺灣佛教文化的新動向	江燦騰　著

釋迦牟尼與原始佛教	于凌波 著
唯識學綱要	于凌波 著

社會科學類

中華文化十二講	錢 穆 著
民族與文化	錢 穆 著
楚文化研究	文崇一 著
中國古文化	文崇一 著
社會、文化和知識分子	葉啟政 著
儒學傳統與文化創新	黃俊傑 著
歷史轉捩點上的反思	韋政通 著
中國人的價值觀	文崇一 著
紅樓夢與中國舊家庭	薩孟武 著
社會學與中國研究	蔡文輝 著
比較社會學	蔡文輝 著
我國社會的變遷與發展	朱岑樓主編
三十年來我國人文社會科學之回顧與展望	賴澤涵 編
社會學的滋味	蕭新煌 著
臺灣的社區權力結構	文崇一 著
臺灣居民的休閒生活	文崇一 著
臺灣的工業化與社會變遷	文崇一 著
臺灣社會的變遷與秩序(政治篇)(社會文化篇)	文崇一 著
臺灣的社會發展	席汝楫 著
透視大陸	政治大學新聞研究所主編
憲法論衡	荆知仁 著
周禮的政治思想	周世輔、周文湘 著
儒家政論衍義	薩孟武 著
制度化的社會邏輯	葉啟政 著
臺灣社會的人文迷思	葉啟政 著
臺灣與美國的社會問題	蔡文輝、蕭新煌主編
教育叢談	上官業佑 著
不疑不懼	王洪鈞 著
自由憲政與民主轉型	周陽山 著
蘇東巨變與兩岸互動	周陽山 著
鄉村發展的理論與實際	蔡宏進 著
戰後臺灣的教育與思想	黃俊傑 著

史地類

國史新論	錢　　穆　著
秦漢史	錢　　穆　著
秦漢史論稿	邢義田　著
宋史論集	陳學霖　著
中國人的故事	夏雨人　著
明朝酒文化	王春瑜　著
歷史圈外	朱　　桂　著
當代佛門人物	陳慧劍編著
弘一大師傳	陳慧劍　著
杜魚庵學佛荒史	陳慧劍　著
蘇曼殊大師新傳	劉心皇　著
近代中國人物漫譚	王覺源　著
近代中國人物漫譚續集	王覺源　著
魯迅這個人	劉心皇　著
沈從文傳	凌　　宇　著
三十年代作家論	姜　　穆　著
三十年代作家論續集	姜　　穆　著
當代臺灣作家論	何　　欣　著
師友風義	鄭彥棻　著
見賢集	鄭彥棻　著
思齊集	鄭彥棻　著
懷聖集	鄭彥棻　著
周世輔回憶錄	周世輔　著
三生有幸	吳相湘　著
孤兒心影錄	張國柱　著
我這半生	毛振翔　著
我是依然苦鬪人	毛振翔　著
八十憶雙親、師友雜憶（合刊）	錢　　穆　著

語文類

訓詁通論	吳孟復　著
入聲字箋論	陳慧劍　著
翻譯偶語	黃文範　著
翻譯新語	黃文範　著

中文排列方式析論	司　琦　著
杜詩品評	楊慧傑　著
詩中的李白	楊慧傑　著
寒山子研究	陳慧劍　著
司空圖新論	王潤華　著
詩情與幽境——唐代文人的園林生活	侯迺慧　著
歐陽修詩本義研究	裴普賢　著
品詩吟詩	邱燮友　著
談詩錄	方祖燊　著
情趣詩話	楊光治　著
歌鼓湘靈——楚詩詞藝術欣賞	李元洛　著
中國文學鑑賞舉隅	黃慶萱、許家鶯　著
中國文學縱橫論	黃維樑　著
古典今論	唐翼明　著
亭林詩考索	潘重規　著
浮士德研究	劉安雲　譯
蘇忍尼辛選集	李辰冬　譯
文學欣賞的靈魂	劉述先　著
小說創作論	羅　盤　著
借鏡與類比	何冠驥　著
情愛與文學	周伯乃　著
鏡花水月	陳國球　著
文學因緣	鄭樹森　著
解構批評論集	廖炳惠　著
世界短篇文學名著欣賞	蕭傳文　著
細讀現代小說	張素貞　著
續讀現代小說	張素貞　著
現代詩學	蕭　蕭　著
詩美學	李元洛　著
詩人之燈——詩的欣賞與評論	羅　青　著
詩學析論	張春榮　著
修辭散步	張春榮　著
橫看成嶺側成峯	文曉村　著
大陸文藝新探	周玉山　著
大陸文藝論衡	周玉山　著
大陸當代文學掃描	葉穉英　著

走出傷痕——大陸新時期小說探論	張子樟 著
大陸新時期小說論	張　放 著
兒童文學	葉詠琍 著
兒童成長與文學	葉詠琍 著
累廬聲氣集	姜超嶽 著
林下生涯	姜超嶽 著
青　春	葉蟬貞 著
牧場的情思	張媛媛 著
萍踪憶語	賴景瑚 著
現實的探索	陳銘磻 編
一縷新綠	柴　扉 著
金排附	鍾延豪 著
放　鷹	吳錦發 著
黃巢殺人八百萬	宋澤萊 著
泥土的香味	彭瑞金 著
燈下燈	蕭　蕭 著
陽關千唱	陳　煌 著
種　籽	向　陽 著
無緣廟	陳艷秋 著
鄉　事	林清玄 著
余忠雄的春天	鍾鐵民 著
吳煦斌小說集	吳煦斌 著
卡薩爾斯之琴	葉石濤 著
青囊夜燈	許振江 著
我永遠年輕	唐文標 著
思想起	陌上塵 著
心酸記	李　喬 著
孤獨園	林蒼鬱 著
離　訣	林蒼鬱 著
托塔少年	林文欽 編
北美情逅	卜貴美 著
日本歷史之旅	李希聖 著
孤寂中的廻響	洛　夫 著
火天使	趙衛民 著
無塵的鏡子	張　默 著
關心茶——中國哲學的心	吳　怡 著

放眼天下	陳新雄 著
生活健康	卜鍾元 著
文化的春天	王保雲 著
思光詩選	勞思光 著
靜思手札	黑野 著
狡兔歲月	黃和英 著
老樹春深曾著花	畢璞 著
列寧格勒十日記	潘重規 著
文學與歷史	胡秋原 著

美術類

音樂與我	趙琴 著
爐邊閒話	李抱忱 著
琴臺碎語	黃友棣 著
音樂隨筆	趙琴 著
樂林蓽露	黃友棣 著
樂谷鳴泉	黃友棣 著
樂韻飄香	黃友棣 著
弘一大師歌曲集	錢仁康 編
立體造型基本設計	張長傑 著
工藝材料	李鈞棫 著
裝飾工藝	張長傑 著
現代工學與安全	劉其偉 著
人體工藝概論	張長傑 著
藤竹工	張長傑 著
石膏工藝	李鈞棫 著
色彩基礎	何耀宗 著
五月與東方——中國美術現代化運動在戰後臺灣之發展（1945～1970）	蕭瓊瑞 著
中國繪畫思想史	高木森 著
藝術史學的基礎	曾堉、葉劉天增 譯
當代藝術采風	王保雲 著
唐畫詩中看	王伯敏 著
都市計畫概論	王紀鯤 著
建築設計方法	陳政雄 著
建築鋼屋架結構設計	王萬雄 著
古典與象徵的界限	李明明 著